U0586204

灵魂的
舞者

费诗云◎编著

舞蹈家

中国出版集团

现代出版社

图书在版编目（CIP）数据

灵魂的舞者 / 费诗云编著；——北京：现代出版社，
2013.2 （2024.12重印）
（我的未来不是梦）
ISBN 978-7-5143-1351-2

Ⅰ．①灵… Ⅱ．①费… Ⅲ．①舞蹈家 – 生平事
迹 – 世界 – 青年读物②舞蹈家 – 生平事迹 – 世界 – 少年
读物 Ⅳ．①K815.76–49

中国版本图书馆 CIP 数据核字（2013）第 025470 号

我的未来不是梦——灵魂的舞者（舞蹈家）

作　　者	费诗云	
责任编辑	刘　刚	
出版发行	现代出版社	
地　　址	北京市朝阳区安外安华里 504 号	
邮政编码	100011	
电　　话	（010）64267325	
传　　真	（010）64245264	
电子邮箱	xiandai@cnpitc.com.cn	
网　　址	www.modernpress.com.cn	
印　　刷	唐山富达印务有限公司	
开　　本	700×1000　1/16	
印　　张	12	
版　　次	2015 年 3 月第 1 版第 1 次印刷　2024 年 12 月第 4 次印刷	
书　　号	ISBN 978-7-5143-1351-2	
定　　价	47.00 元	

序　言

这套以"我的未来不是梦"命名的丛书,经过众多编者的数年努力,终于以这样的形式问世了。

此时,恰值党的"十八大"刚刚胜利闭幕,选举出了以习近平同志为首的党中央领导集体。"十八大"报告中对教育领域提出:"坚持教育为社会主义现代化建设服务、为人民服务,把立德树人作为教育的根本任务,培养德智体美全面发展的社会主义建设者和接班人。"这使我们编者更感此套丛书生即逢时,契合新时期新要求,意义重大。

我们编写的这套《我的未来不是梦》系列丛书,精选了古往今来的一些重要职业,尤以当下热点职业为重。而"梦想的实现"则是本套丛书的核心。整套书立意深远,观点新颖,切合实际,着眼实用,是不可多得的青少年优质读物。

我们深信,这套丛书必将伴随小读者们的生活与学习,而促进他们德智体美全面健康的成长。更使他们对未来充满信心,驾驭着新知识和新科技,驶入海洋,飞向蓝天,去实现最美好的梦想!

目录 CONTENTS

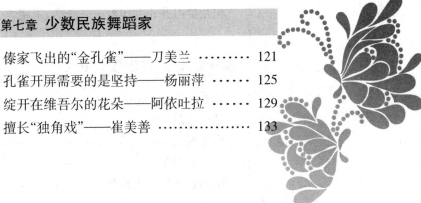

第一章

舞蹈艺术

　　舞蹈之所以迷人，是因为舞蹈者融入其中，用肢体、用心灵来跳舞，把内心的波澜通过舞蹈表现得淋漓尽致。舞蹈，的确是心灵的外显。舞蹈的最高境界是：舞之激情予人向上，舞之曼妙予人遐思，舞之炫予人陶醉，舞之律动予人享受。

■ 什么是舞蹈

  舞蹈是八大艺术之一，是于三度空间中以身体为语言作"心智交流"现象之人体的运动表达艺术，通常是有音乐伴奏，以有节奏的动作为主要表现手段的艺术形式。它一般借助音乐，也借助其他道具。舞蹈本身有多元的社会意义及作用，包括运动、社交、祭祀、礼仪等。

  所谓舞蹈，是一种人体动作的艺术，但必须是经过提炼、组织和美化了的人体动作。

  舞蹈不同于别的人体动作艺术，其主要表现在：它以舞蹈动作为主要艺术表现手段，创造出可被人感知的生动的舞蹈形象，以表达舞蹈作者的审美情感、审美理想，反映生活的审美属性，着重表现语言文字或其他艺术表现手段所难以表现的人们的内在深层的精神世界——细腻的情感、深刻的思想、鲜明的性格，和人与自然、人与社会、人与人之间以及人与身体内部的矛盾冲突。

  另外，由于舞蹈活动中具有人体动作不停顿地流动变化的特点，因此，其必须在一定的空间和一定的时间中存在；而在舞蹈活动中，一般都要有音乐的伴奏，要穿特定的服装，有的舞蹈还要手持道具，如果是在舞台上表演，灯光和布景也是不可缺少的。所以也可以说舞蹈是一种具有空间性、时间性和综合性的动态造型艺术。

  舞蹈是一种用身体有韵律的连续动作表演特定感情或观念的艺术，这一种表演艺术是集绘画、雕刻美感以及音乐于一体的。舞者就像画家、

雕刻家一样要不断地追寻灵感，创作自己的世界，借由舞台的空间，来表达时间感、情感与空间感的调和，呈献给观众。

东方的学者孔子说："夫礼，先王以承天之道，以治人之情，故失之者死，得之者生。"西方的学者哈佛洛克·蔼理斯说："如果我们对舞蹈的艺术漠然视之，那么我们不仅无法了解肉体生命的至高表征，并且也无法了解精神生命的至高象征。"

东西方学者都强调了：舞蹈是和人类发展的几乎所有方面都紧密交织在一起的。因此，当舞蹈作为一门独立的艺术，在走过其发展的历史路程中，舞蹈和人类的传统、人类的社会的千丝万缕的联系，使人类舞蹈艺术反而形成了错综复杂的发展形态。

中国古籍《毛诗·大序》中提出："……情动于中，而形于言，言之不足，故嗟叹之；嗟叹之不足，故咏歌之；咏歌之不足，不知手之舞之，足之蹈之也。"芭蕾舞剧的奠基人诺维尔也说："人类的情感达到语言不足以表达的程度，舞蹈就会大大奏效，……作为人类感情顶峰的喊叫，也已显得不够，于是，喊叫被动作所取代。"

这些理论说到了舞蹈艺术是人类抒情的最高形式。美国现代舞蹈创始人，依沙杜拉·邓肯认为："凡借身体动作以表达思想感情的创造性活动，都是舞蹈艺术。"英国哲学家科林伍德认为，舞蹈是"一切艺术和语言之母"。柏拉图在他老年时最后一篇文章《法律》中说："良好教育的内容就在于直到如何唱得好和舞得好。"始终执著于"生活艺术是一种舞蹈"的信念的尼采，曾在一封信上说："我的文体是一种舞蹈。"这些说法都牵涉到舞蹈艺术的广泛性。

古今中外人们对舞蹈艺术的论述很多很多，这些论述，都有一定的道理，但是，我们没有看到一个科学的、全面的、准确的舞蹈艺术的定义。在探索人类舞蹈艺术定义的过程中，我们感到，由于人类舞蹈艺术发展的历史久远，错综复杂，不是一个定义所能涵盖的。

■ 世界舞蹈起源

　　美丽动人的地球孕育了生物,孕育了人类,人类又创造出与动物世界完全不同的人类世界,那么,人类舞蹈是从什么时候开始的呢? 世界舞蹈史学家库尔特·萨克斯认为人类舞蹈是对动物世界的类人猿舞蹈的继承,他根据人类种族学家和人类史学家对人类起源探讨的数据和他对现存类人猿进行的跟踪调查,注意到类人猿喜欢围着一个大圆圈跳舞,他说:"他们愉快而活泼地围绕着某些高大的、牢固的、竖起来的物体跳的环舞,是人类祖先的动物传递给最早的人类的舞蹈。"人类舞蹈是对类人猿舞蹈的继承,那么,人类史学家测定早在175万年前,地球上已经出现了人类,这说明人类舞蹈伴随着人类的出现,早在175万年前就已经出现了,不过,那时候的舞蹈是一种与动物区别不大的舞蹈。人是灵长目类中的高级物种,他与动物世界叩别之后,就开始了艰难的长途跋涉。在他走向人类历史的第一天起,便在意识形态等各方面表现出与动物之间的差异。但是,人类的历史、人类的文化与过去是不能分开的,它不是一个断层,而是过去的延续。也就是说,人对美的感受不能不追溯到动物的情感表现。人与动物分离之后,人与动物沿着各自的自然形态演化、发展,期间的差异也就越来越大。人类的原始舞蹈也是这样,人类舞蹈是类人猿传递的,这就是历史的延续,人类继承了动物舞蹈之后,便在他不断改造自然、优化生命结构,努力摈除与生俱来的动物本性的同时,又在发展着自己的舞蹈文化。那些自然而然产生的劳动能力、宗教信仰意识、审美情趣、思维方式的

形成与发展都带动了人类舞蹈文化的发展。据艺术史学家的考证，人类最早产生的艺术就是舞蹈。在远古人类尚未产生语言以前，人们就用动作、姿态的表情来传达各种信息和进行情感、思想的交流。再由各种声音发展成为语言和音调以后，才相继产生了诗歌和音乐。在劳动中，由于制造工具，人的手逐渐变得灵巧起来，又诞生了绘画和雕刻。随着人类的进化，思维能力和认识事物水平的提高，曲艺、小说、戏剧等艺术才相继被创造出来。

有的学者认为，在艺术的起源中，模仿虽然重要、但还不是真正的起因，艺术的起因是"游戏的冲动"，游戏是直白的人性的表现。游戏也是人类最终脱离动物界的标志。这里的游戏，是指人的审美需求，即以假象为快乐。如人模仿动物的舞蹈、就是通过这种假象的游戏来获得快乐和宣泄自己的情感。

还有学者认为，由于原始人的思维分不清主客观的界限、认为一切自然物都和自己一样是有灵魂的，由此而产生了图腾崇拜、原始宗教、巫术祭祀等，而这些活动都离不开舞蹈，甚至舞蹈是巫术活动的主要内容和最主要的表现手段。因此，有人断言"一切跳舞原来都是宗教的"。

我国有很多学者主张舞蹈起源于劳动的理论，因为劳动是人生存和发展的第一需要，也是劳动创造了人自身，是劳动使人脱离了动物界，是劳动创造了人类社会。在原始人的舞蹈中，表现狩猎和种植以及劳动生活的占有最大的比重。

我们认为以上各种舞蹈起源的理论，都有一定的道理，但又不十分完整和全面，因为舞蹈活动是人类生活中的一种社会现象，它的起源和世界上的一切事物的构成一样都不是单一的，而是有着多种因素的，所以人们主张"劳动综合论"，即：舞蹈起源于人类求生存、求发展中劳动实践和其他多种生活实践的需要，如果再详细一点来说，舞蹈起源于远古人类在求生存、求发展中劳动生产、健身和战斗操练等活动的模拟再现，以及图腾崇拜、巫术宗教祭祀活动和表现自身情感思想内在冲动的需要。它和诗歌、音乐结合在一起、是人类历史上最早产生的艺术形式之一。

中国舞蹈的历史

　　舞蹈是人类最古老的艺术形式之一，可以说，中国有多少年的文明，就有多少年的舞蹈史。从最蒙昧的上古时代开始，中国传统舞蹈经过了多个阶段的发展和演变，逐渐形成了具中国独特形态和神韵的东方舞蹈艺术。

上古时期

　　中华民族的舞蹈文化源远流长，上下五千年，记录中华民族舞蹈发展轨迹的文物图像和文字，连绵不断，这在世界文化史上也是罕见的。

　　距今五六千年前的新石器时代舞蹈纹陶盆的出土，向世人展示了原始舞蹈整齐的队势及其群体性、自娱性的特点。说明了歌舞的创造者是群体。

传说的原始乐舞

　　原始乐舞基本上分为两类：一类是以反映部落的生产和生活方式为代表特征的乐舞；另一类则是与传说中的古代帝王密切相关的乐舞，如歌颂黄帝、尧帝、舜帝、和夏禹功绩的乐舞。这一时期的乐舞内容，集中地体现出人类的生存行为，及求索与自然的心态。

龙舞和龙的传人

　　龙是我们祖先创造的一种臆想的动物，是神圣权力和祥瑞的象征。远古时代，中华大地的不同氏族，在不断联合、兼并、融合的过程中，创造了龙的形象。龙的形状，是许多民族图腾形状的集合体。因此，龙称得上是中

华民族的象征。

至今民间还有舞龙求雨的风俗。每逢节庆,中华大地,以及全世界的华人聚居区,都有翻腾飞舞着的风采各异的龙舞。龙舞已成为中华民族精神的象征。

夏商时期

这时舞蹈从自娱、全民性的活动,部分地进入表演艺术领域,并且出现了最早的专业舞人——乐舞奴隶。

从舞蹈艺术的发展看:这个时期,舞蹈进入表演艺术领域,出现了专业舞人,标志着舞蹈艺术取得了进步。

西周时期

西周初年制礼作乐,汇集整理了从远古到周初歌颂对推动人类进步有贡献的领袖的乐舞,合共六舞,史称《六代舞》。分文舞、武舞两大类。周代将这些乐舞用于礼仪祭祀。各种不同等级的人,用不同规模的乐舞,等级严明,不容僭越。

东周时期

千姿百态的民间舞蓬勃兴起,《诗经》中描绘各地风情的诗歌,极生动地反映了民间舞的活动情景。表演性舞蹈取得很大的发展。周代是中国舞蹈发展史上,第一个集大成的时代。

秦汉时期

舞蹈艺术发展到一个新的水平。秦汉时代建立的"乐府"制度,大量整理民间乐舞,一方面可供统治者作施政参考,另外亦可供宫廷欣赏享乐,客观上推动了舞蹈的发展。汉代舞蹈的特点是博采众长,技艺向高难度发展,结合舞蹈与杂技的《盘鼓舞》就是一个典型例子。

魏晋南北朝时期

由于民族迁徙杂居,文化交流频繁,出现了各民族乐舞的大交流时代。随着西北地少数民族内迁,大量西域乐舞传入中原,还有天竺、高丽等地的乐舞,也是这个时候传入到中国的。

隋唐五代时期

隋代集中整理了南北朝各族及部分外国乐舞,制定《七部乐》,后来发展成《九部乐》,使宫廷燕乐得到空前发展。

唐代

唐代是中国文化蓬勃发展的时期,当时的舞蹈艺术也得到高度的发展。唐代宫廷设置的各种乐舞机构,集中了大批不同民族的民间艺人,使唐代舞蹈成为吸收异族文化精华的载体。

两宋时期

宋代是中国乐舞文化史上一个重要的转折阶段。这一时期,交通畅达,促使城市文娱生活兴盛,乐舞文化出现新的生机。民间舞队十分兴盛,每逢农历新年、元宵或清明,各地都会举行庆祝活动,很多地方都有自己的民间舞队,他们表演的节目,不少至今仍在各地民间流传。

元明清时期

蒙古族是一个能歌善舞的民族,而且笃信佛教,他们的舞蹈因而带有鲜明的民族特色和宗教色彩,例如名舞《十六天魔》。

在明清两代,舞蹈作为独立的表演艺术,有逐渐衰落的趋势,社会上专业的舞蹈表演团体和舞蹈艺人很少。但是,作为节庆时群众娱乐活动的民间歌舞,却呈现繁荣的局面,表演者多数是业余的民间艺人。

我的未来不是梦

■ 西方舞蹈的历史

　　在西方，传承着西方审美规范的舞蹈有欧洲宫廷的芭蕾舞和各个地方的民族土风舞；西方现代舞的出现其实是对西方传统芭蕾审美的反思和叛逆。

　　西方原始时期的舞蹈，大体有娱乐与祭祀两大类，以娱乐为目的的西方原始舞蹈，又可分为无意识态的劳力型舞蹈，以及有娱乐互动的舞蹈。

　　在西方，宫廷舞蹈有着不同的风格特色。出现于 15 世纪 ~16 世纪文艺复兴全盛时期的芭蕾，最早是在意大利的宫廷宴会上进行的。王公贵族们竞相把艺术作为炫耀自己的权势与扩大政治影响的工具和手段，芭蕾就是在这样的一个历史背景下，在古朴的民间舞基础上，从一种游戏性质的舞蹈开始在意大利宫廷中逐渐形成一种具有确定风格、舞步与技巧的艺术形式。随着意大利贵族与法国宫廷的通婚，意大利芭蕾被带入法国。

　　20 世纪初在西方兴起了一种与古典芭蕾相对立的舞蹈派别，其最鲜明特点是反映现代西方社会矛盾和人们的心理特征，故称为现代舞。

　　现代舞在美国和德国的发展最为兴旺，前一时期，德国现代舞发展迅速。二战期间，现代舞的活动中心转向了美国，美国没有自己的舞蹈传统，所以现代舞就成了它的本土舞蹈文化，因而受到重视。

■ 舞蹈的形式

　　舞蹈的形式指表现舞蹈作品思想内容的舞蹈语言、结构、体裁等艺术手段。主要由一系列能表现一定思想感情的舞蹈动作所组成。它是从社会生活、人的情绪状态、自然现象中提炼加工,使之美化、节律化、造型化后形成的。它是舞蹈作品中表情达意、叙事状物的最基本手段,是构成舞蹈形象的基础。

　　以中国舞蹈文化为例,中国古典民族舞蹈从起源形态上分类,大致分为三大类:劳动生产类,民生民俗类,祭祀类。

　　从文化形态上分类,有:农耕文化型、山林文化型、水上人家型、海洋文化型、草原文化型、绿洲文化型、城镇宫廷文化型、佛教(兼及道教、各宗教)文化型、戏曲文化型。

　　中国古典民间舞蹈从道具上分类,比较典型的有:龙舞、狮子舞、鼓舞、灯舞、绸舞、扇舞、鞭舞、剑舞、轿船舞、踏歌、秧歌、拉花、二人转、社火等等。每一类舞中又有很多各具特色的舞种,比如,社火里就有踩高跷、跑竹马、跳春牛、跑驴等等。

　　形式丰富多彩的人类舞蹈艺术是人类文明的象征,是人类文化的宝贵财富。

　　舞蹈结构是指舞蹈作品的组织方式和内部构造。是作者塑造形象、表现作品主题思想的重要艺术手段。在艺术构思时必须考虑如何把一系列的生活材料、人物、事件、情绪等分别主次、轻重、繁简、先后,合理而恰当

我的未来不是梦

地加以安排和组织，使其既符合生活的规律，又适应一定体裁的要求，组成一个完整的舞蹈作品。

舞蹈和舞剧作品的结构形式，主要分为传统式结构、时空交错式结构、篇章式结构三种结构形式。

传统式结构，又称戏剧式结构，这是最常见的一种结构形式。即按照情节内容发展的时间顺序渐次展开，作品从开端、发展、高潮直至结局，层次递进比较清晰，场次划分也比较清楚。

时空交错式结构，或称心理结构。其主要特点是，不受时间和空间的限制，以作品中人物的心理变化作为安排人物行动、展开情节事件的贯穿线，常采用正叙、倒叙、闪回等手法，把过去、未来与现实有机地交织在一起，便于在比较短的时间和篇幅里表现较为广阔的生活内容和深刻的人物内心世界。

篇章式结构。一般是由几个既有联系又相对独立的场景和段落组成。整个作品有统一的主题和贯穿性人物，其中每幕、每场都有相对的独立性和完整性。近似于几个乐章组成的交响乐和几个篇章组成的组诗。

在构思作品时，还应该注意几个问题。

首先，要服从表现主题、塑造人物形象的需要；其次，要适应不同舞蹈体裁的要求，本身要完整协调；最后，要尊重和适应民族的艺术欣赏习惯。

舞蹈体裁又称为舞蹈样式，是舞蹈作品表达思想内容的外部形态。各种舞蹈体裁的形成，是人类长期艺术实践的产物。舞蹈作者根据表现生活内容和人物思想感情的需要，从简单到多样，从低级到高级，不断创造出各种各样的体裁。

舞蹈体裁，根据舞蹈不同的表演形式，可分为单人舞，也就是独舞、双人舞、三人舞、群舞、组舞、音乐舞蹈史诗、舞剧等。

根据舞蹈不同的风格特点，又可分古典舞蹈、民间舞蹈、现代舞。

根据塑造舞蹈形象的不同方法，可分为抒情性舞蹈、叙事性舞蹈、戏剧性舞蹈。

■ 舞蹈的艺术思想

从舞蹈的起源和发展的历史来看,舞蹈是人类社会发展的产物。

舞蹈史虽然是舞蹈本身的历史,但它也是社会文化发展史当中一个重要方面,通过各个历史时期的舞蹈状况,可以直接或间接地窥见各个历史时期的社会经济、政治、伦理、哲学以至宗教和风俗等各个方面。这种反映,就是舞蹈所具有的认识功能。通过舞蹈,可以了解和认识社会的心理特征、精神风貌以及社会的各个侧面。审美亦是舞蹈的一个重要功能。

舞蹈的审美作用体现在舞蹈的节奏、表情和构图给人以美感和在舞蹈过程中所获得的身心愉悦。它不仅感染着观者的感情,也鼓舞着舞者本人的情绪,在舞者与舞者之间的情绪互相影响下,从强烈的节奏感中获得更大的精神满足。

但舞蹈的审美功能并不是孤立地单独存在,而是结合着一种动机,或一种感情去为某种目的服务。所以舞蹈的审美功能,往往不是和娱乐功能结合在一起便是和教育功能结合在一起的。

舞蹈的教育功能,是舞蹈的意义所在,通过舞蹈的审美教育,在道德品质和思想情操上给人以影响。但它不是以某种抽象的道德准则进行说教,而是把道德准则通过审美功能体现出来,使人从情感上受到感染,发自内心地体验到这一原则的崇高性,把它变为自己内在的心理欲求。

从美学的角度上说,舞蹈的这三种功能,就是真、善、美这三方面的作用。认识功能是真,教育功能是善,审美功能是美。但三者并不孤立,而是互相联系,辩证统一。在正常的情况下,舞蹈艺术总是作为真善美的统一整体来对人和社会发生作用。

我的未来不是梦

灵魂的舞者

智慧心语

1. 世人缺乏的是毅力，而非气力。

——雨果

2. 没有德性的美貌，是转瞬即逝的；可是因为在你的美貌之中，有一颗美好的灵魂，所以你的美貌是永存的。

——莎士比亚

3. 一个正确的认识，往往需要经过由物质到精神，由精神到物质，即由实践到认识，由认识到实践这样多次的反复，才能够完成。

——毛泽东

4. 今天能够着手进行的事情绝不拖到明天。

——林肯

第二章

生命因磨炼而美丽

◎导读◎

　　巴尔扎克说过:"苦难是人生的一块垫脚石,对于强者是笔财富,对于弱者却是万丈深渊。"当我们克服了苦难并阔别了苦难,只有在这时,苦难才是你值得自豪的一笔人生财富,才是你人生中经过历练后的翱翔! 一个优秀的舞蹈表演艺术家,不仅应该具有坚不可摧的信念、不怕受伤的精神,而且还要有思想,并且时刻准备着迎接挑战,迎接机遇,迎接不可知的未来!

■ 人要有坚不可摧的信念——赵青、谭元元

人们常常在不如意之事发生的时候，会从潜意识里找出一些字眼来支撑这些不如意。比如，坚持、执著、自由、坚强，等等。人生短暂，难免会有乌云密布的时候，而可以指引我们前行的便是我们内心那坚不可摧的信念。

所以无论什么样的生活什么样的职业，都需要一颗怀有坚定信念的心。一个优秀的舞者，更是如此。在众多舞者中，就有这么一位，她的名字叫赵青。

作为新中国第一代舞蹈表演艺术家的典型代表之一，赵青积极探索中国民族舞剧的表演方法。她在第一部大型民族舞剧《宝莲灯》中塑造的人物形象成为表演范例；她在求索的过程中，形成了富于戏剧激情的表演风格。她的艺术成就处处彰显着其勤奋不止的艺术个性，她丰富的艺术经历也为我们提供了宝贵的经验。

虽然成功之后的赵青头顶无数光环，但是在这些光环的背后，也有着不为人知的艰辛。

赵青，1936年出生于上海一个艺术世家。其父赵丹，是中国著名的电影表演艺术家，其母叶露茜也是优秀演员，所以赵青从小便获得了表演艺术环境的熏陶。赵青对舞蹈艺术的追求是非常刻苦而又执著的，即便是身处逆境的时候，仍苦攻不辍，耐心等待复出，被称为"赵疯子"。

那是1966年，已经非常有名气的赵青因为"文革"而失去了舞台。刚

开始的时候，她还偷偷地独自苦练基本功，但是在红卫兵造反派的一片"打砸抢"声中，赵青被批判得抬不起头来。1970年又赶上了下放到农场劳动，这时，她有些心灰意冷了。

后来，在周恩来总理的鼓励下，赵青认识到"自己这一切都是属于国家和人民的，我没有权力将国家和人民给予我的舞蹈丢弃"。从此以后，赵青全身心地放在恢复基本功上，一年365天，一天都没有停歇过。

1972年，赵青从农场回到北京，她想方设法寻找体操馆进行练习。虽然内心的痛苦、矛盾反复折磨着赵青，但是这段苦练却为赵青迎来第二个艺术春天做了准备。

1976年初，在周恩来总理的直接过问下，几乎快要"解散"了的中央直属院团开始正式上班。中央歌舞团、东方歌舞团和中国歌剧舞剧院临时被合编成一个团，由军队接管，并开始运转。

"文革"后期，在赵青的努力争取下，舞蹈《印染工人之歌》再度登台。"四人帮"倒台后，文艺工作者迎来了第二个春天。1977年，复排舞剧《小刀会》，赵青扮演女主角周秀英，重新登上阔别十年的天桥剧场。她那动情的表演、准确的刻画和精湛的舞技，博得观众好评。

自此，在父亲赵丹的"赵氏体系"表演理论指导下，赵青不停地在表演与创作中探索，继续为自己的舞蹈事业开创辉煌。我们在赵青身上看到的，不仅仅是优美的舞姿，还有她在舞蹈艺术面前的坚强和信念。

同样心怀信念而又非常坚强的舞者，还有谭元元。她目前是美国旧金山芭蕾舞团首席演员，是美国三大芭蕾舞团中唯一的华人首席演员。

谭元元10岁考入上海芭蕾舞蹈学校。当时，父亲不赞成谭元元学跳舞，但是妈妈却坚持认为女儿有这方面的天赋。就在一家人争执不下的时候，只好选择通过抛硬币来决定是否让谭元元学跳舞。结果是"去"，但谭元元开始学跳舞的时候已经比同学们晚了将近一年。由于入学晚，总跟不上进度，那个时候的谭元元自卑得很。

谭元元后来回忆起这段时光时说，"周围的同学都已经跳得很像样了，我还站不稳，那时我就是丑小鸭。"

　　但是谭元元的身体条件还是很出众的，在平常的练习中偶然流露的闪光点被当时学校的老师林美芳和陈家年看在眼里。于是他们每天给谭元元补课，直到谭元元的水平追赶上其他的同学。

　　不知道是老师对谭元元的要求严格，还是小时候的谭元元就是爱哭，在那段补习的日子里，谭元元整天哭。有一次，她又因为没达到要求而掉眼泪。于是老师问她，是哭，还是要练，只能选一样。她抹抹眼泪选择了继续练习。小时候的谭元元就表现出了坚强的性格和对舞蹈的执著。

　　谭元元轻盈、流畅的舞姿给人留下了深刻的印象，但是只有谭元元知道，这些看上去跳的又轻松又美丽的舞蹈，其实并不是看起来那么简单。在每一个看似简单的动作背后，都凝聚着一个完美主义者对自己无尽的苛责。

　　谭元元说，"如果在舞台上错了一步，我会懊恼一整天，因为台下有三千双眼睛看着你，这让艺术家活得很累。一次你表现得不够完美，那就存在一个软肋。"

　　谭元元腿上有三处骨伤，这是她为完美付出的代价。除了3000双眼睛的压力外，谭元元更多地背负了中西方对一个天才少女的期许。芭蕾是西方的艺术，站在西方古典艺术顶峰的中国人少之又少。

　　在美国，舞团的合同都是一年一签的，所以首席并不是一个终身职位，稍有不留神就会被人取代。对谭元元来说，成功秘诀是把握好每一次机会。

　　都说人最大的敌人是自己，最后的敌人也是自己。在世间最容易的事是坚持，最难的事也是坚持，只要我们愿意做，人人都会做到。成功就是要付出，当你有理想的时候，就要告诉自己，"我一定要坚持"。想要成为一名优秀的舞者，同样如此。

逐梦箴言

人的一生历经沉与浮,苦与乐,生与死,恰似天气的阴与晴,冷与热,四季的春与夏,秋与冬,谁能主宰,谁又能违反?人因生命而存在,生命因信念而出色。假如说生命是一座宏伟的城堡,那么信念就是那穿顶的梁柱;假如说生命是一株苍茂的大树,那么信念就是那深扎的树根;假如说生命是一只翱翔的海燕,那么信念就是那扇动的翅膀。

知识链接

舞剧《宝莲灯》

本剧是北京舞蹈学校第一期编导班学员李仲林、黄伯寿的毕业习作,导师为苏联专家查普林和京剧名家李少春。在中央实验歌剧院首演,曾先后赴朝鲜、苏联和香港(艺术节)演出。1959年本剧由上海天马电影制片厂拍成我国第一部彩色舞剧片。吉林省、上海市、旅大市等歌舞剧院(团)曾学习、演出。1994年应香港市政局舞蹈团邀请,本剧在香港排练上演,主要演员有胡军、曹宝莲、周全毅等。

在舞剧《宝莲灯》的艺术创作中,较好地解决了运用民族传统的舞蹈技艺结构成为新的舞剧篇章的繁难问题。

要做有思想的舞者——黄豆豆、刘绍炉

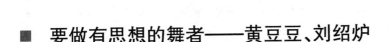

　　万物之中，人类是非常伟大的，人类因具有自己的思想而有别于其他动物。很多头顶着成功光环的人，都是不仅具有思想，而且还在不断追求创新。我们都必须不断学习如何创新，具有了创新思想，才能带来不断的革新，才能保证可以与竞争对手抗争。

　　要想成为一个和其他舞者不一样的舞蹈家，一样需要一些创新的思想。比如中国著名舞蹈家黄豆豆。

　　1995 年，春晚节目《醉鼓》中他跳得很高，那时他还是个年轻的小伙子；千禧之年，与世界著名艺术大师谭盾先生合作，他自编自演了编钟乐舞《周朝六舞图》；在人生的而立之年，作为舞蹈编导，他站在世界的舞台上展现自己对舞蹈的用心诠释。这就是黄豆豆——从 12 岁开始跳舞到现在，他完成了从一个舞蹈演员到一个创作型舞者的完美蜕变。

　　"舞蹈是一门孤独的艺术。"他总是这样说。在舞坛中，能够坚持下来的人并不多，黄豆豆却一直坚持着。1995 年春晚之后，他并没有像别人想的那样趁着春晚的余温去争取更多的演出，而是选择了到北京舞蹈学院继续学习。

　　那时，他对自己的要求是"不仅要学舞，更要学习文化知识。"他总是早早就到文化课教室抢在第一排正中间的座位，为的就是能够"集中注意力去听老师讲课"。因为他不想只做一个"跳舞的匠人"，他想成为一个"有思想的舞者"。而这样的蜕变，黄豆豆做到了。

舞蹈应该是对文化艺术的认识和思考,是同观众心灵与心灵的交流。作为中国舞蹈的代表人物,黄豆豆认为,中国民族舞其实是一个很新的概念,其不仅融合了民间舞蹈、戏曲舞蹈等诸多元素,还体现了中国文化的"礼乐文明"特征。

所以,黄豆豆希望自己的舞蹈不仅是"民族舞",更是"中国舞"。在他看来,"民族舞"是一个舞种,而"中国舞"则是一种独特的文化概念,一种特定的文化载体。"中国舞"传承着中华文化,又透过当代人的视角去了解、审视、认识中国精神。

"中国功夫"是在西方留下深刻印象的东方符号。黄豆豆自小喜欢武术和戏曲,他想通过借鉴戏曲、武术的动作,把中国舞、当代舞、现代舞、芭蕾综合在一起,创造全新的样式,丰富自己的舞蹈语言,甚至试图提炼出一种个性的肢体语汇来表达自己的思想。在题材上,他也希望能选择具有浓重历史感的人物、情节,从而追求一种典雅灵动之余又不失豪放大气的开阔之美。

黄豆豆觉得传统的中国古典舞如同文言文,他希望用这种提炼出来的世界性的语言,把古典舞的意境翻译出来,让全世界明白。他想要传达的是中国的年轻人对中国文化的理解。

在自编自演的舞蹈《墨舞》中,他化身为一团墨汁,在舞台上汪洋恣肆地书写着,激情如火地燃烧着,留下各种绚丽的姿态。

从他的作品《琴棋书画》开始,一直到《甲骨文》、《秦始皇》、《墨舞》等这些作品中,越来越多地出现了中国传统文化的元素。黄豆豆之所以会有这种变化,最开始的出发点是为了传承中国文化。

黄豆豆说,"多年古典舞的学习,几代传承下来的舞蹈,往往只剩下舞蹈外在的'形',而内在的'神'却渐渐被淡忘了。"而黄豆豆只是想在保留中国传统舞蹈精髓的同时,加入自己作为一个当代中国青年对传统文化的一种新的认识。

这些年来,黄豆豆所创作的作品也变得越来越中国了。

黄豆豆不单单只是一个舞者,更是一个具有创新思想的舞者,他将中

国的传统文化与舞蹈相结合。像黄豆豆这样具有创新思想的舞者还有著名舞蹈家、光环舞集艺术总监刘绍炉。

在竹县竹东镇客家庄长大的刘绍炉，秋收后农田的干稻草，夏天门前的泥塘，是他与同伴嬉闹、翻筋斗的场所。身体滑过干稻草的窸窣声，泥塘打滚的沁凉，奔驰小径的呼呼风声，在他投入舞蹈后，都成了编舞的创作元素。

他说，当时衣食不足，但孩童赤身裸体，和大自然做最亲密的接触，无拘无束，身心却可尽情释放；他在家中屋檐一角以绳子绑铁环，练引体向上；在庭院前大树下绑拉环，秀空中翻滚；这些年少时的游戏锻炼，给他未来的舞蹈打下了良好基础。

刘绍炉总是回到身体的本质去挖掘创作的素材，从而启发他透过接触"即兴"表现舞蹈，另外，他还借由音乐、绘画、舞蹈上的极简主义，研发出一套"气身心三合一"的道家身体观。他发现易经、禅、太极等中国文化的东西，竟成为舞蹈创作的最佳工具，让他摆脱乡土形式以及美国纯舞蹈的公式化束缚，在静定中让身体、生命的脉动自然涌现。

他说，气就是呼吸、身就是身体、心就是意念，用呼吸引导可达到身心合一状态，身体就会涌现意想不到的能量；此境界来自他年少的客家印象，运用于舞蹈，有助于舒压、静心。

成立光环舞集后，他开创"婴儿油上的现代舞"。这种舞蹈结合中国太极、气功、武术、瑜伽，运用内在的气，加上婴儿油，让舞者在地板上受到最小的摩擦阻力，使得动作更流畅。

婴儿油舞蹈的诞生还有一个小故事。那时，刘绍炉在纽约念书，和同学准备编舞功课的时候，天非常热，满身都是汗，不知怎地，突然就在地板上滑了几圈。顿时觉得好兴奋，因为他突然发现原来在液态流动中，可以这样不费力就旋转起来。

兴奋之情一直延续到回台湾之后，他开始在小小的排练场中做起各种实验，于是，婴儿油舞蹈就这样诞生了。他说，在婴儿油上跳舞使许多既有的技巧无用武之地，舞者的身体状态必须归零，找到新的动力和控制的方式，才能在无摩擦力的状态下恣意滑动优游。

我的未来不是梦

婴儿油舞蹈,因风格独特,享誉国内外,让他1998年获得了国家文艺奖;他的婴儿油舞蹈还被林怀民称为"有香味的舞蹈"。

西方的现代舞蹈,主要是求取向外表现的技巧。舞者拼命锻炼自己的身体,希望能够突破先天的限制,跳舞必须炫技,舞者无不极力展现自身的技艺与体态之美。

然而,对刘绍炉来说,这种舞蹈的身、心似乎是分离的。他认为,舞蹈要能够和观众沟通、使人感动并不是只有外在的展现,主要还是来自于舞者的心,即意念。

刘绍炉的这种敢于创新的思想,使他的舞蹈取得了成功。

黄豆豆和刘绍炉都是勇于创新的舞者,他们会找到一个非常好的契合点,将创新思想发挥到极致,从而使他们的舞蹈展现得更加优美、动人。他们之所以成功,正是因为他们拥有了创新的思想,因为他们都在努力做一个有思想的舞者。

逐梦箴言

一个人的成功,就像是太阳的东升西落,是可以被预期、被肯定的。只要他做某些固定的事情,使用某些法则,任何人都可以成功。因为成功,不是靠性别、不是靠经验、不是靠智慧、不是靠体力,而是靠思想。思想,控制一切。

知识链接

中国传统文化

中国传统文化是中华文明演化而汇集成的一种反映民族特质和风貌的民族文化,是民族历史上各种思想文化、观念形态的总体表现,是指居住在中国地域内的中华民族及其祖先所创造的、为中华民族世世代代所继承发展的、具有鲜明民族特色的、历史悠久、内涵博大精深、传统优良的文化。它是中华民族几千年文明的结晶,除了儒家文化这个核心内容外,还包含有其他文化形态,如道家文化、佛教文化等等。

■ 受伤了，不怕！——刘敏、刘岩

甘为艺术而拼命的人，自当很多。为舞蹈艺术而拼命的舞者也是比比皆是。而每一个出色的舞者，才能都不是与生俱来的。付出的汗水和所获得的成果是等价的，而且每一个优秀的舞者，所付出的远比想象的多很多。

舞台上的舞者们翩翩起舞，可是，我们并不知道，在他们美好的舞姿背后，也是伤痕累累。伤痛永远伴随着每一个舞者，在面对伤痛的时候，还能坚持继续跳舞的舞者，是令人钦佩的。

熟悉刘敏的人给她这样的评价：为人处世坦荡、真诚。刘敏就是这样的舞者。她是当今舞坛上卓有成就的舞蹈表演艺术家，她也是我军最年轻的女少将，被媒体称之现役最美女将军。

熟悉刘敏的人给她这样的评价：为人处世坦荡、真诚。刘敏所具有的独特的高雅气质和丰富的内心世界，成为她塑造舞台形象、表现人物情感最坚实的基础。同时她凭借着自己的努力与钻研，不断地取得优异的成绩。她在舞蹈创作中本着取百家之长的态度，将古典舞、芭蕾舞、现代舞、民族舞的精华综合提炼，形成了自己的舞蹈风格。

为了热爱的舞蹈事业，刘敏付出过很沉重的代价。长期的艰苦训练在她身上留下了许多伤。早在多年前的一次检查中，医生就发现刘敏的腰关节、膝关节、脚关节布满了伤痕，而且还有胃病和心脏病。

当刘敏还是小孩子的时候，特别想得到表扬。有一次，她主动拿起扫

我的未来不是梦

帚扫地,父亲看见了,问:"你为什么要扫地?"刘敏回答:"我爱劳动,我要扫地。"父亲问:"你拿起扫帚是不是自愿的?"刘敏回答:"是。"父亲说:"那好,是你自己自愿拿起扫帚的,那你就要认认真真地把这件事做好。"

父亲这句话深印在刘敏脑子里。舞蹈是她自愿选择的道路,是她长大后自愿拿起的那把"扫帚",她要做好这件事情,而且必须做好。

在总政歌舞团的时候,大家都知道刘敏是一个"只知道练功"的好演员。每天早上六点到晚上八点,刘敏过着"宿舍—练功房—食堂"三点一线的标准部队文艺兵的生活。

1985年,刘敏应邀参加首届中国舞"桃李杯"大赛,此时的刘敏,因为在1979年建国30周年献礼调演中表演的三个作品分获一等奖和二等奖,在舞蹈界已经脱颖而出,星光耀眼,可要强的她仍然希望去"桃李杯"大赛上较量一下,进一步印证自己的实力。她一心要在比赛中取得好成绩,于是自己给自己加班加点地训练。

在离比赛还有一个月的时候,她在训练中一个动作做得过大,扭伤了腰。医生给她检查后,郑重告诫:"休息静养,绝对不能再做大的舞蹈动作!绝对不能参加比赛!否则后果恐怕十分严重。"

刘敏执意要问清楚是什么后果,医生被她缠不过,只好坦白相告:"你是腰脊某部位骨裂,如果不注意再受到损伤,有瘫痪的危险。"

刘敏听过一下懵了,瘫痪!对一个舞蹈演员来说,这个字眼比死都可怕。刘敏急得要哭,和医生吵了起来,说医生骗她。其实,她心里很清楚,医生没有理由骗她。她的吵闹只是因为对不能参加比赛、甚至不能再从事舞蹈艺术而感到深深的恐惧。

回到家,她对着天花板痛哭了一夜。假如一切从此止步,刘敏无法想象自己今后将如何面对生活。天亮了,阳光从窗外投射进来。刘敏打开窗户,也许心田被眼泪洗得分外澄明,悲痛之后的她,突然之间被外面的明媚阳光和蓝天白云所吸引,一时之间忘记了一切。然后,她开始自作主张。

她买来特殊的布料,做成宽阔结实的板带,把自己的腰紧紧扎了起来。一咬牙,她重新走进了练功房。她决定:不仅仅要继续跳舞,而且要参

加一个月后的比赛;不仅要参加比赛,而且要拿一个好成绩。其他一切,全都不重要。

一个月后,刘敏在首届中国舞"桃李杯"大赛中拿到了第一名。

刘敏的伤没有出问题。这对她个人来说,是一种幸运,对中国舞蹈来说,又何尝不是一种幸运! 她空灵的舞姿,细腻,流畅,简约,引人遐思。此时的她,在人生的大舞台上步入辉煌。

受伤了,不怕! 还可以继续跳舞! 不仅仅是刘敏有这样的精神,同样是舞者的刘岩,她也受了伤,却展现出了另一种美。

2003 年,刘岩大学毕业,加盟了青年歌舞团,成为一名专业舞蹈演员,开始了她的舞蹈艺术生涯。进团后随着舞台演出的增多,刘岩对舞蹈演员这个职业有了更深的认识。她认为:舞蹈不仅是肢体上的动作,更是文化修养的境界。

正因为有了这样的见解,刘岩不断增强自己的文化修养。很快,刘岩凭借着自己扎实的功底和不懈的努力,在年轻演员中脱颖而出。

几年下来,青春靓丽、体态轻盈的刘岩,在舞台上一次次演绎着几近奢华的美丽,一次次给人留下难以忘怀的表现。

由于人美、舞美,演技精湛,2008 年刘岩被确定为北京奥运会开幕式唯一的独舞——《丝路》的表演者。能在全球几十亿观众的目光下展示中国的舞蹈,展示自己,刘岩感到非常荣幸,同时也感到责任重大。

于是从接到任务的那天起,刘岩不顾盛夏的炎热,加紧排练。仅仅两分钟的舞蹈,竟精心排练了几百次,每一次,她都在音乐和七彩灯光间,用舞姿尽情编织着自己的光荣和梦想。

2008 年 7 月下旬,舞蹈开始现场排练了。27 日晚,刘岩像往日一样,早早来到"鸟巢",认真做着排练前的各项准备。《丝路》在华美的音乐声中起幕,刘岩翻跃出场,以优美舒展的舞姿,展示着中国舞蹈独有的魅力,现场每一位观看她表演的人,无不为她精湛的演技惊叹。

舞蹈很快接近尾声,然而谁也没想到,就在这时,一场意想不到的灾难降临到刘岩身上,由于车台操作失误,提前一秒钟撤出,结果刘岩失去

平衡,一下从近 3 米高的平台上摔了下去。

这一刻来得那样突然,刘岩连灿烂的笑容还未来得及收敛,就晕了过去。一时间"鸟巢"中一片惊呼声,随即救护车响起了刺耳的尖叫声,那声音如同利剑刺破夜空,令人心颤。刘岩迅速被送进医院。

当天晚上,经过整整 6 个多小时的手术,刘岩虽然脱离了生命危险,但下半身却失去了知觉。对于一位舞蹈家来说,一双美丽的腿失去知觉,这意味着她将告别舞台,意味着她从一个懵懂少儿走向舞蹈家所付出的所有艰辛将付诸东流。

当刘岩清醒过来知道这一现状时,晶莹的泪珠立即顺着脸颊滚滚而下,医护人员和她的父母从她的眼神中看到了她内心的痛苦。然而不到一刻钟,刘岩就止住眼泪,眼睛中放射出坚毅的光。

她安慰父母:"事情已经发生了,你们不要太难过,现在的医疗技术很发达,咱们一起努力配合医生治疗,我一定能好起来!"

刘岩病情稍微稳定后,奥运会开幕式总导演张艺谋率张继刚等人立即赶到医院慰问。大家见刘岩伤势如此严重,心情十分沉重。看着大家凝重的面孔,刘岩微微一笑说:"请你们放心,我会坚强面对,同时也会积极配合医生治疗。你们给世界创造了一个奇迹,我也要为你们创造一个奇迹!"

此后,刘岩一直努力坚持做康复锻炼,对于身体赢弱的刘岩来说,这种锻炼很痛苦,但她从不放弃。面对已经无可挽回的现实,刘岩曾多次发出生命的强音:"一个舞者为了奥林匹克而倒下,我不后悔,站着有站着的生活,坐轮椅有坐轮椅的过法,我会将另一种美丽传扬下去!"

就是凭着这样一种精神,刘岩说到做到,经过一年的努力,她又出现在人们面前。2009 年 8 月 20 日,在为遭受台风灾害的台湾同胞募捐义演的晚会上,刘岩坐着轮椅翩翩起舞,倾情表演了舞蹈《生命的祝福》,以一种新的方式,展现出了别样的美丽。

逐梦箴言

人的一生中,每个人都曾沐浴幸福和快乐,也会历经坎坷和挫折。幸福快乐时,我们总是感觉时间短暂;而痛苦难过期,我们却抱怨度日如年。幸福和痛苦本来就是双胞胎,上帝是公平的,痛苦往往是伴随幸福并存。挫折有时会让人失去自信,面对突如其来的打击,每个人的心中难免会有一丝惊慌,那亦是对自己能力的怀疑。但是有的人面对挫折能挺过去,并能将挫折化作挑战下一次困难的动力,于是,他们的人生变得绚丽多姿。

知识链接

"桃李杯"舞蹈大赛

"桃李杯"舞蹈比赛是由中华人民共和国文化部主办的国内级别最高的青少年舞蹈比赛,也是中国文化艺术政府奖—文华奖—文华艺术院校奖的重要奖项。该项赛事自 1985 年由北京舞蹈学院发起首届至今,始终本着检阅我国舞蹈教学成果,总结舞蹈教学及创作经验,提高舞蹈教学素质和表演水平,繁荣舞蹈剧目创作,发现选拔优秀舞蹈人才的宗旨。到2012 年已成功举办了十届。

张艺谋

张艺谋,中国著名电影导演,2008 年北京奥运会开幕式、闭幕式总导演,中国"第五代导演"的代表人物之一,获得过美国波士顿大学、耶鲁大学荣誉博士学位。其拍摄的电影多次获得国际电影节大奖,是中国在国际影坛最具影响力的导演。早期他以执导充满中国传统文化的电影著称,艺术特点是细节逼真和色彩浪漫的互相映照。

我的未来不是梦

■ 命运总是眷顾有准备的人——石钟琴、谭元元

常言道:台上一分钟,台下十年功。当我们看到他人的成功时,会羡慕命运对他们的青睐,却从来没了解过他们荣誉背后所付出的千辛万苦。有无数成功人背后的故事,都告诉我们,要想成功,要想抓住机遇,就得从现在开始做好准备。

著名舞蹈家石钟琴,就是一个被命运所眷顾的舞者。她之所以能被命运眷顾,正是因为她做了不懈的努力。石钟琴从一个爱跳舞的女孩成长为一个芭蕾表演艺术家,走过一段艰辛而又曲折的人生道路。

原以为跳舞无非是手舞足蹈,很简单,很快乐的石钟琴,想不到自从考入上海市舞蹈学校后,天天都要练基本功,而且每天反复练的就是这么几个动作。不管是把杆上或是脱把动作还是跳跃,动作都是无限的重复,实在是单调、枯燥乏味。同时还要压腿、弯腰、拉韧带,从早上 7 点直至晚上,年复一年。尤其是碰到的老师又是在舞蹈界闻名的严师——著名芭蕾教育家胡蓉蓉,学生在训练的过程中,动作如果有半点不规范,她就叫你当众出"丑",一个人在教室中央反复做这个动作,直到规范为止。

因为舞蹈是石钟琴心爱的艺术,在班级里她的年龄又偏大,自然要比一般学生付出更多的艰辛。所以,教室里经常是石钟琴红着脸、含着泪一遍又一遍地在练习。在胡蓉蓉老师严格的教导下,石钟琴慢慢懂得了练基本功的重要性,下定决心要像影片《红菱艳》中的女主角一样穿着红舞鞋不停地跳。

芭蕾是美的艺术,但如果要创造芭蕾的美,就需要比一般演员有更多的奉献和牺牲。经过六年的寒窗苦练,她从学校毕业,成为上海第一代芭蕾舞演员,实现了多少年来梦寐以求的愿望。那一刻摆在她面前的是一条充满阳光和鲜花的道路,她心里真是有说不出的高兴。

然而,生活的道路并不是人们想象的那么平坦笔直。"文化大革命"开始了,这给石钟琴的舞蹈生涯带来了一次不小的挫折。

舞校开始排练现代芭蕾舞剧《白毛女》。尽管石钟琴的业务条件和勤学苦练精神都是佼佼者,在剧中饰演主要角色应是顺理成章。可是就是因为父亲与祖父曾开过一家小西药店,她就被认定为"出身不好,不能重用",只能参加群舞的排练。对此,石钟琴毫无怨言。

在石钟琴看来,只要有舞跳,主角和群舞演员都是一样的。因而她一如既往地排练。但是"文革"的风暴却越刮越猛,"家庭问题"、"白专道路"等帽子无情地朝她飞来,最终连两段群舞的排练资格也被取消了,更不要说在舞台上一展身手了。

石钟琴怎么也想不明白这究竟是为什么,她捧着心爱的足尖鞋发呆。原本是台上的演员,可现在却成了台下的观众。为此,石钟琴躲到厕所里偷偷地抹起眼泪。年轻的心灵被一块无形的巨石压得喘不过气来。不过石钟琴并没有气馁,她没有在沉重的压力前屈服,依然怀着平静的心态苦苦地练功,她坚信她这么热爱芭蕾,芭蕾也不会抛弃她的。

转机来了,她的坚持得到了回报。领导终于安排她在《白毛女》中跳一段仅两分钟的"替身舞"。那就是第四场中白毛女"四变"的一段灰毛女舞。

喜儿逃出黄家,在深山老林里饱受霜刀风剑的磨难。头发逐渐由黑变灰变白,这个"四变"由4个演员来表演四个不同的舞段,石钟琴表演的是灰毛女舞段。虽然仅两分钟,但却是施展自己才华的机会,所以她十分珍惜,反复揣摩,现场的表演和技巧都令人拍手叫好。然而她是多么希望可以在舞台上摇身一变,由灰毛女变为白毛女啊!

1969年的时候终于有了新的转机,饰演《白毛女》A组演员因受极左思想影响,错误地认为《白毛女》是"一棵大毒草",提出不参加演出;《白毛

女》B组演员则因身体发福越来越胖，既增加男舞伴的负担，又有损芭蕾的美感，而当时的演出任务又很频繁，在迫于无奈的情况下，石钟琴被推上了《白毛女》主角的地位。

从灰毛女到白毛女，石钟琴经历了一番磨炼，灰毛女毕竟是个过场戏，而白毛女则是贯穿全剧的中心人物。完成塑造《白毛女》形象所需要的各种芭蕾技巧，对石钟琴来说并不十分困难，难的是塑造白毛女形象所需要的一系列细腻表演，尤其是内心感情的揭示。

当排练第六场奶奶庙时，黄世仁、穆仁智因逃避八路军的追捕到奶奶庙躲雨，恰遇白毛女来奶奶庙偷供果充饥，仇人相见，分外眼红，导演要求演员把白毛女"见仇人烈火烧，恨不得把他们撕成千万条"的愤怒之情充分表达出来，可是石钟琴开始排演时，没有"白毛女"对地主黄世仁的阶级仇恨，用手打他们时也是软绵绵的，有时甚至还会发笑。

因为她没有经历过那段苦难的社会，也没有这方面的生活体验。为此她阅读了不少反映旧社会的小说，观看田华主演的电影《白毛女》，经过导演的耐心启发，自己又对着镜子反复练习眼神，终于逐渐进入了角色，把白毛女踏平奶奶庙的愤慨和对黄世仁、穆仁智的刻骨仇恨表演得栩栩如生。

1971年，由她主演的白毛女又拍成了彩色电影。石钟琴从此名闻遐迩，成了家喻户晓的人物。

命运对石钟琴的眷顾并不是无缘无故的，而是因为石钟琴的坚持和努力，才使她有了这个机会。同样被命运所眷顾的还有谭元元。

在谭元元的成功路途中有一次传奇，那是1992年，15岁的谭元元参加法国巴黎举办的第五届国际舞蹈比赛。

到赛场时，师生俩都傻眼了。为便于观看表演者脚尖的表演，欧洲的芭蕾都将舞台设计成15度倾斜，这对一直在平地跳舞的中国演员来说，等于直接宣判出局。这也是谭元元第一次遇到这样的事情，无奈之下，老师只能安慰谭元元说："就当练习吧。"

比赛时，谭元元因膝盖剧痛，哭着不愿出场。情急中，老师一脚踢了过去，没想到借助这一脚的力量，谭元元的出场大跳特别成功。

比赛结束,评委主席乌兰诺娃打出满分,评价说:"这是我20年来看到最年轻又最具古典表演风格的好演员,她前途无量。"没想到一场毫无希望的比赛竟让谭元元捧回金奖。

而谭元元的这次成功,不仅仅是因为生命的眷顾,更重要的是,在参加比赛之前,她为舞蹈表演艺术而做出的所有付出和努力。

一分耕耘,一分收获。没有守株待兔的美梦,只有刻苦努力勇往直前,才能得到命运的眷顾。

逐梦箴言

从很大程度上来讲,人是机遇的产物。但是,人不能靠等待偶尔撞在木桩上的兔子获得成功。通常我们所说的"命运的转折点"只是我们之前的努力所集成出的机会。时刻准备着,这就是成功的真谛。

知识链接

芭蕾舞剧《白毛女》

1964年上海东方韵舞蹈学校根据同名歌剧改编,后逐渐发展成大型舞剧。1965年首演,舞剧塑造了喜儿、大春、杨白劳等舞蹈形象,在芭蕾基本技巧的基础上,融汇了丰富的中国民间舞蹈,是芭蕾舞和民族舞结合的典范,是"文化大革命"期间的八个样板戏之一。著名女高音歌唱家朱逢博任舞剧《白毛女》中喜儿一角的主伴唱,她那感人肺腑、独树一帜的歌声,成功烘托了女主人公的形象,她所演唱的《白毛女》中的精彩唱段,已成为海内外人家喻户晓的歌曲、无法复制的永恒的经典。

我的未来不是梦

● 智慧心语 ●

1. 业精于勤,荒于嬉;行成于思,毁于随。

——韩愈

2. 我觉得坦途在前,人又何必因为一点小障碍而不走路呢?

——鲁迅

3. 卓越的人一大优点是:在不利与艰难的遭遇里百折不挠。

——贝多芬

4. 每一种挫折或不利的突变,是带着同样或较大的有利的种子。

——爱默生

第三章

成者有成者风范

一个人要想成就事业,除了天时、地利、人和之外,最要害的是胜利者的气质与大家风范。

■ 不轻言放弃——吴晓邦、周洁

人这一生，难免会被苦难所击倒。但是在被击倒后能不放弃、不言败，这才是生命的本色。在人世间只要精神不倒，便有希望。不管遇到什么困难，都不应该轻言失败，否则生命之花将会枯萎。

古往今来，有很多杰出人物都曾作出非同寻常的努力，都有着超常人的精神，因而在生命的旅途中创造出了辉煌的业绩。吴晓邦就是这样一个不轻易放弃的人，也因此成为中国非常著名的舞蹈家。

吴晓邦是我国新舞蹈的奠基者、开拓者和实践者，是一位杰出的一代舞蹈大师。他的舞蹈创作和演出活动，都是以"为人生而舞"贯穿始终的。

1906 年，吴晓邦出生于太仓县沙溪镇一个贫苦农民家中，十个月大过继给当地的一个大户人家当养子，取名吴锦荣，成为这个封建大家族的二房嗣子。吴家在沙溪有几千亩湖田，经营有银号钱庄、南北货商号等。

民国时期，吴家由吴晓邦的祖母当家，吴晓邦始终不知道他的生身父母是谁，对养母也没什么感情，只有祖母十分疼爱他。

乐善好施的吴家在沙溪深得乡人敬重，整个家族也因此比较重视教育，吴晓邦在 6 岁时就被送入私塾。在沙溪镇附近，有当时江南地区最大的道观，道观里经常举行道教仪式表演。

每当听到锣鼓声响起，吴晓邦都要跑去观看，那些声腔、手势、服装，奇妙而有趣，那些富有宗教文化色彩的图案和雕塑，在吴晓邦的心中埋下了人体艺术的种子。

1929年春，吴晓邦经历了人生中的一个非常重大的转折。在祖母的帮助下，他东渡日本去留学，在东京早稻田大学补习日语，学习经济、法律兼小提琴。

当时的早稻田大学是一所充满民族气氛的自由园地。20世纪20年代末，在西方工业文明发展的条件下，西方现代舞艺术破土而出，很快，西方现代舞思潮传入了日本。这引起了一批对舞蹈和人生都关注的艺术家，并开拓了日本的现代舞事业。这一切，也同样吸引了年轻的吴晓邦。

在一个偶然的机会里，吴晓邦在早稻田大学观看了有学生们表演的舞蹈《群鬼》，第一次感悟到那种其他艺术所不能赋予他的激情。

从那时起，吴晓邦确立了"为人生而舞蹈"的目标，将舞蹈视为与文学、音乐、绘画等同的，可以表现人生和震撼人世的独立艺术，并从此立志献身于舞蹈事业。

吴晓邦先后三次东渡日本研究学习芭蕾舞和现代舞，回国后将西方现代舞艺术引入中国，可是20世纪30年代初的上海，虽是中国文化的中心，然而，那里却见不到真正的舞蹈艺术。

为抵制封建与殖民主义的文化，吴晓邦率先提倡新舞蹈艺术运动，主张为人生而舞蹈，提倡用舞蹈反映现实人生的苦难与希望，并身体力行地开展舞蹈教育工作。

1932年到1935年，吴晓邦先后三次展开舞蹈艺术活动，但均以失败告终。观众的反应都是非常冷淡，但是吴晓邦并没有放弃，而是勇于从失败中奋起。经过分析，他从中悟出了失败中成功的因素，也悟出了作品中人民性的重要。这也使他在今后十年苦行僧般的舞蹈追求中，定下了一个坐标："舞蹈要反映生活，要富有人民性，要被群众理解和接受。"

1937年"七·七事变"后，抗日战火在华北燃起，吴晓邦怀着一腔热血，踏上了抗日革命征途。在破碎的祖国山河面前，吴晓邦并没有放弃他的追求舞蹈艺术之路，并且从中找到了一条新的道路：它摆脱了旧舞蹈形式的束缚，表现了时代的特点，使舞蹈不再是那种只为迎合有闲阶层所需，而是将"新舞蹈"汇入了社会和时代的主流，成了打击侵略者、鼓舞人民斗志的精神力量。

在演剧队，他用聂耳的音乐创作了同名舞蹈《义勇军进行曲》，排演了小舞剧《打杀汉奸》，根据《大刀进行曲》编排了《大刀舞》，排演了舞蹈《流亡三部曲》。这四个充满爱国激情，具有强烈感染力的舞蹈作品，演出后受到了群众的热烈欢迎，这给了吴晓邦很大鼓励，这些舞蹈亦构成了吴晓邦1939年第三次个人舞蹈作品发布会的部分演出剧目。

在《义勇军进行曲》这个舞蹈中，吴晓邦开始显示出他自己的创作风格：从中国传统的人体艺术和人的日常生活作里提取素材，从时代的大潮里捕捉人物形象，在作品中注入极大的艺术激情，为社会呐喊，为人生而舞！

正因为吴晓邦没有因为失败而打退堂鼓，也正是因为他永不放弃的精神，再加上他的不断努力、不断总结，才有了《义勇军进行曲》这个舞蹈。同时他也因此成了创作和舞蹈国歌的第一人。是不言弃的精神使他获得了成功。著名舞蹈家周洁，也是因为具有永不言弃的精神而获得了成功。

周洁是一个地道的乡下小姑娘，她为了自己的理想，历经坎坷，9岁离开家乡头桥镇分水墩村，12岁考入上海歌剧舞剧院。从15岁开始主演《小刀会》后，命运把她推上一条令人羡慕、却也崎岖的明星路。从一个舞剧演员到舞蹈老师，再到舞蹈研究者，她把整个生命都融入舞蹈事业。

小周洁仿佛也是为舞而生，从幼儿园就懂得开始苦练基本功。小学一年级时，上海一家艺术学校来头桥选拔学生，学校推荐了小周洁，一段舞罢，几位老师连声称赞"太好了！这孩子太可爱了！"可是，几天过去了，却没了消息。

后来才知道，尽管自己父母是人民教师，但她祖父的成分是地主，地主的孙女将来怎能演英雄人物？"文革"那个特定年代，第一次让她小小的心灵感受无辜和屈辱。小小的周洁并没有选择放弃，而是更加努力读书，加倍地苦练。然而，相继几家剧团、舞蹈学校来挑演员，她都被以相同的理由拒绝。

为摆脱命运强加给她的不公正，也为了自己的梦，9岁时的小周洁自

愿把自己送给住在川沙的姨妈家。在川沙读书的时候，小周洁除了保持全优的成绩，又参加了校舞蹈队。离上海近了，她就去报考各种艺术学校，甚至杂技团都考过，但家庭成分的阴影始终像幽灵一般伴随着她。

从小就有着不言弃精神的周洁，并没有因为一次次的打击而选择放弃，而是继续选择应试。1974 年，上海歌剧舞剧院来校招考演员，小周洁再次应试，他们对她的潜质无可挑剔，但在政审上还是作罢。

这次激怒了学校的老师和同学，他们说："连周洁这样好的苗子都不要，我们干得还有什么劲？"最终，上海歌剧舞剧院终于接纳了周洁。这一年，她 12 岁。

在周洁追求舞蹈这条路上，她从未想过要放弃，她觉得跳舞是她唯一的选择。16 岁出演大型舞剧《小刀会》主角，让她红遍了大上海；电影《火烧圆明园》中的配角丽妃，却让她红遍了中国。1977 年，粉碎"四人帮"后，全国人民欢欣鼓舞，上海歌剧舞剧院特赶排了大型舞剧《小刀会》进京作为献礼剧目，16 岁的周洁担纲主角，她练得更卖力了，一个动作一个姿势一个表情都细细琢磨，反复磨炼，精益求精，简直到了痴迷的境地。

果然，《小刀会》一上演，在上海滩一炮打响，看了十年样板戏的上海人再次观赏到了有较高品位的现代舞剧，周洁这颗新星开始被人认识，得到了热烈欢迎，周洁非常满足。

周洁成功的背后，是因为她有一颗永不言弃的心，她可以为了自己的梦想与无数艰难险阻作斗争，最终，她以坚毅的不言弃精神实现了自己的梦想。

逐梦箴言

　　我们失败，只是因为我们不再坚持。失败并不可怕，可怕的是我们在失败之后失去了坚持的勇气。谁都懂得没有一步登天的道理，可就是有那么多人因为不能一步登天，而放弃了登天的努力。我们每个人都是一样的，只要自己怀有梦想，又不放弃追求，怎么会没有奇迹出现呢？

知识链接

样板戏

　　文革时期被树立为"革命样板戏"的以戏剧为主的二十几个舞台艺术作品的俗称。其代表性的作品有京剧《智取威虎山》、《红灯记》、《沙家浜》和芭蕾舞剧《红色娘子军》、《白毛女》等五个剧目。

影片《火烧圆明园》

　　故事片《火烧圆明园》再现英法联军攻入北京城，到处烧杀抢掠，无恶不作，将举世闻名的"万园之园"圆明园抢劫一空，并付之一炬的历史。本片获文化部 1983 年优秀影片特别奖。由李翰祥导演，刘晓庆、陈烨、梁家辉、周洁、张铁林主演。

我 的 未 来 不 是 梦

■ 敢于挑战——沈培艺

　　人生之路,挑战无限。在挑战中,我们可以让自己的生命画卷更加绚丽多彩。学会在挑战中完善自我,突破自我,让自己的人生之路风光无限!一个人假如不敢于挑战自己,只能懦弱地活着。很多人之所以不能做到,是因为无法激发挑战生存、困境的勇气和决心。

　　著名舞蹈家沈培艺就是一个敢于挑战的人。正因为她敢于挑战,才能在挑战中,使自己更加完善,使自己的舞蹈更加完美。

　　2006年年初,沈培艺接到了来自日本的邀请,计划8月份赴日本演出。原计划创作一部30分钟的双人舞,然而在舞蹈创作了一半时被迫停下来。这是因为日本方面坚持要沈培艺演出独舞,理由是参加这次演出的日、韩两国舞蹈家的作品都是独舞。

　　这个主题为《亚洲的女人》的演出让沈培艺感到了为难。一方面她觉得由一个人完成30分钟的舞蹈有困难,另外她认为,一个人在舞台上跳30分钟这样的舞蹈形式不是一个理想的选择。沈培艺答应考虑一下,在经过了一个下午的准备和静默冥思,她决定接受对方的要求。

　　当时,这样的决定对年届四十的舞蹈演员来说无疑是一个艰苦的挑战,这意味着沈培艺要在有限的时间内,设计创作出一台别开生面的、具有民族特色的、意寓深刻的舞目,并且要独自完成长达30分钟的表演。

　　在经过了缜密的思考之后,沈培艺决定以宋代女词人李清照为人物形象,以李清照的四首词《点绛唇》、《一剪梅》、《凤凰台上忆吹箫》、《声声慢》为创作主题的构思。

在创作的初始阶段，沈培艺首先确立了以尊重这四首词的含义准确表达为原则，决不靠来自他人或者自己以往的经验，而是要充分体现中国古典舞的语汇和韵致，发掘出主人公独特的表达方式，其中包括舞蹈风格、主题音乐。她决定一概使用民族乐器来演奏，以中国古曲烘托气氛，有效地表现李清照丰富的情感世界。沈培艺为她这个舞目取名为《易安心事》。

沈培艺是一个有自己艺术主张的人，她的善于学习，勇于创新，在这个时刻起到了决定性的作用。她以卓越的演技、俊美的外形和飘逸的舞姿，把李清照的神秘感、孤独感以及高雅的诗人气质和她心中的那个"愁"字演绎得惟妙惟肖，让观众一览无余。

沈培艺忘却自我，沉醉于戏，以曼妙的线条、温润的眼神和古朴的气质，呈现着不可言传的美感。她通过每一个动作和表情的瞬间，以她特有的方式，将繁复的内心戏把握得恰如其分。她将一个风华绝代、心怀着淡淡哀愁、清纯高雅的东方女性展示给观众，让人生发出无尽的遐想。

沈培艺如期抵达东京。头两场演出顺利且成功，但就在即将要完成的最后一场演出的前夜，两个小时笔直端坐的日式晚餐，竟使她受伤的肢体红肿起来，痛不堪言，这对她来说又是一次艰难的考验。

30分钟，她的每一个动作都会牵动患处，这要求她以坚忍的毅力和超常的演技去支撑肢体的平衡，在整个舞蹈过程中，她不但要战胜疼痛，还要把李清照这个人物，形象、生动、完美地展示给观众。这是对她的意志的考验，不仅体现在肉体上。沈培艺没有放弃，而是接受考验，接受挑战。这一次的经历磨砺了她的心灵，给了她更深刻的人生体验。

作为舞者，她让剑与自己进行着生命的交锋。追逐、纠缠、冲突，突破了人们意念当中女性内敛的独语式的表演程式。沈培艺在表演过程中，跟随着激情的引领，表现出了一个艺术家的成熟和对舞蹈非凡的感悟能力。

可是她的舞蹈创新不但没有得到舞界权威的认同，还招来不少打压的声音，就连中央电视台在播放这台晚会时，也小心地将沈培艺的作品拿

我的未来不是梦

了下来。但同时沈培艺也听到了另外的声音，其中不乏资深学者、同行和艺术家真诚的祝贺和肯定，有人称沈培艺为"挑战者"。这样的声音激发出了沈培艺超常的勇气和力量。

当时她的脚掌从血肉模糊至溃烂，第一场跳下来的时候伤口就已经穿孔，但她还是忍着剧烈的疼痛完成了三场演出。

她以为那次的挑战将是她一生中最后一次登台亮相。没想到十年后，沈培艺以她日趋精湛的演技和成熟的魅力出现在了她的"易安"舞台上。正因为沈培艺敢于颠覆创新，敢于挑战自己，才使得她获得了全新的成功。

逐梦箴言

古希腊哲学家德漠克利特有句名言："所有胜利之中，战胜自己是最首要的，也是最伟大的胜利。"人生本来就是一种挑战，只有接受挑战，不断追求，才能有充实的生命，才能体验到生活的美妙绝伦。

知识链接

李清照

李清照（1084-1155），山东省济南章丘人，号易安居士。宋代女词人，婉约词派代表，有"千古第一才女"之称。所作词，前期多写其悠闲生活，后期多悲叹身世，情调感伤。形式上善用白描手法，自辟途径，语言清丽。

拼命三郎——金欧

金欧出生于贵州一个苗族芦笙世家。生活中苗族歌舞的熏陶和家庭环境的影响使他成长为当地一位优秀的芦笙手。十七岁那年,中央民族歌舞团到贵州采风,金欧娴熟的芦笙吹奏技巧和优美的苗族舞姿吸引了专家们的目光,于是金欧来到北京中央民族歌舞团,开始了他的职业舞蹈家生涯。

中央民族歌舞团成立于1952年,是中国唯一的国家级少数民族艺术表演团体。他们新年到少数民族地区演出和深入生活时,发现了金欧这棵好苗子,便吸收他到歌舞团工作,从此,金欧就踏上了舞蹈艺术之路。

为了提高少数民族舞蹈演员的专业素质,团领导将一部分民族演员送到刚成立不久的北京舞蹈学校学习。谁知,由于金欧从小劳动而变得粗硬的腰腿,被一位外国专家给否定了,认为他不具备做舞蹈演员的条件,这一句话就把这位苗族青年的美好理想击得粉碎。

金欧带着失望和难过的心情回到了团里,领导知道后鼓励他考不上舞蹈学校不要灰心,要走自己的路。倔强的金欧听了领导的话,心想一定要坚持下来,条件都是人创造的,就算自己是一根铁杵也要用自己的意志和勤奋的汗水将它磨成针!

一个优秀的舞蹈演员不仅要有热爱这门艺术的心,而且需要以自己的身体将这美好的艺术表现出来,因此,必须将肢体运用自如才行,可是,这对于一个十八九岁的青年来说,身体发育已经基本定型了才开始练习

我的未来不是梦

051

基本功，属实已经晚了一些，然而金欧坚信自己一定可以"磨成针"。

在这个顶尖级艺术殿堂里，金欧如饥似渴地学习一切和舞蹈有关的知识，加强基本功练习。因为金欧当时文化水平不高，接受能力不强。但是他肯做一个笨鸟先飞的人。学到动作以后他就给自己加班加点地练。

他平时不仅苦练，而且每天都是披星戴月地练习，不断给自己增加训练时间，增大训练强度，压腿、下腰、踢腿、劈叉、开胯、跳、转等等动作。金欧常常连吃饭的时候也要压腿，睡觉时也练习开胯，用自己身体的重量迫使双胯分开。常常是一觉醒来，腿根疼痛得不能动弹。但是金欧并没有退缩，他咬紧牙关日日夜夜拼命锻炼。功夫不负有心人啊，他终于将粗硬的腰和腿练得柔软了。这根铁杵终于磨成了针！金欧以他坚强的意志和勇气闯过了这第一关之后，就变得信心百倍了。虽然舞蹈技巧是比较难掌握的，但是，金欧敢于实践，善于用心揣摩。

他努力学习古典舞、民族舞、芭蕾舞、国外的民间舞，以及音乐、美术、雕塑等等艺术，并从中吸收营养来丰富自己。当他在舞蹈演出时发现有自己不会的技巧时，就会自己尝试着练习，直到学到手了成功了才肯罢休。

金欧常常因为锻炼过度而导致手脚都不听使唤了，于是就躺在地毯上休息一会再接着练习，就是有一股不达到目标誓不罢休的精神！正是因为他的这种精神，加上他勤奋刻苦的训练，使他掌握了很多高难度的技巧。

金欧的恒心、力量、奋发使舞蹈融进了他的血液之中，成为他生命中的一部分。但是舞蹈艺术这条路很长，更丰富、更艰巨的未来不断地召唤着他，让他不能停歇，继续前行。

舞蹈是一项既美丽又残酷的艺术形式，每一个舞蹈家都会因为这份挚爱的艺术而伤痕累累。

金欧也是这样，他经受了无数次的摔伤、扭伤，比较严重的就有八次之多。有一次，他凌晨三点就起来练习早功，由于疲劳过度摔断了手，还有一次过"腱子"落地时震断了一根脚跟大筋。但是这些伤都吓不住金欧，治好了之后依然照常练习，照常演出。

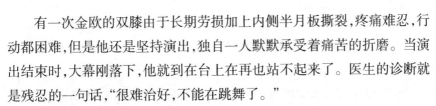

有一次金欧的双膝由于长期劳损加上内侧半月板撕裂,疼痛难忍,行动都困难,但是他还是坚持演出,独自一人默默承受着痛苦的折磨。当演出结束时,大幕刚落下,他就到在台上在再也站不起来了。医生的诊断就是残忍的一句话,"很难治好,不能在跳舞了。"

这对于一个舞蹈演员来说,艺术生命无疑是被判了"死刑"!可是金欧对于肉体上的痛苦总是能够忍受的,为此,他夜不能寐,苦苦思索盼望着奇迹可以出现,可以恢复他健壮灵活的双腿。

思前想后,他决定回到老家遍访民间医生寻得"妙手回春"之方。果然奇迹就出现了,在一位苗医的精心治疗之下,金欧又重新站起来了,他用了两倍的努力来补偿命运之神带给他的损失。

虽然金欧可以一次又一次战胜伤残的挑战,但是,总是有那么一次最严重的打击出现。这一次的打击对金欧来说简直就是残忍。那是在"文革"期间,金欧也像当时的好多舞蹈演员一样遭到了不公平的待遇。

在他被下放劳动期间,金欧不仅偷偷地练功,而且还要承担相当繁重的劳动。在短短的两年中,挑断了五根扁担,他站在水田中插秧也是又整齐又快。当他在英雄董存瑞牺牲的隆化演出时从大旗上翻去过那一瞬间,却将腰严重地扭伤了。

可是当时还有二十多场演出任务还没完成,而且是在这英雄献身的地方。再想到"四人帮"对舞蹈演员的污蔑,金欧心中顿时产生了一种力量,使他带着这样严重的腰伤坚持了下来。

每次上场前都请大夫按摩再打上麻药,他咬紧牙关一场又一场地就这样坚持了下来。回京后,医院认为他应该住院治疗,不然就会瘫痪的。但是在当时的年月,像金欧这样正在受审查的演员医院是不收的,幸运的是在这时遇到了一位好心的大夫收留了他,这位大夫就是刘世明副教授。

刘大夫虽然遭到了和金欧同样的命运,但是他却愿意偷偷地给金欧治疗。这个治疗的过程是非常痛苦的,这份痛苦甚至比受伤更为剧烈,每次刘大夫给金欧推拿完后,床单都能拧出汗水来,可是金欧从来都没有喊叫过,顽强的金欧以他的毅力克制着自己。

这阶段的金欧每日都处在半瘫痪的状态与厄运做着斗争，在希望与绝望之间奋力拼搏着。在持续两年的治疗之后，金欧终于战胜了病痛的折磨，他胜利了。

金欧以苗族舞为基础，广泛借鉴其他少数民族和外国舞蹈元素，先后创作编导了《四人芦笙舞》、《斗鸡舞》、《苗族青年舞》、《讨花带》等几十个舞蹈节目，整理出十多种芦笙舞曲。金欧的舞姿热情奔放，刚健有力，富有浓郁的苗族特色。1964年，他被选中参加大型音乐舞蹈史诗《东方红》的演出。这是新中国成立后最辉煌的一部史诗型歌舞剧。专家和观众对金欧在剧中的表现给予了高度的评价："像旋风一样旋转，像小鹿一样灵活，这是舞蹈家金欧；像鸟鸣般婉转，像流水般回荡，这就是芦笙演奏家金欧。"中国少数民族文化艺术研究所研究员何维清教授回忆说："他在台上生龙活虎，把苗族的风格、韵律、特点表现得淋漓尽致。边舞边演奏，居然能转三十几个圈。那在当时来说是很了不起了。"

金欧在三十多年漫长的舞蹈之路上不断求索着、拼搏着，经历了一次又一次厄运的挑战，终于成为蜚声中外的著名舞蹈家。大家都想知道是什么力量支撑着金欧如此奋斗，金欧的回答很简单，他说，"因为党和人民在我心中，祖国在我心中。"这就是金欧奋发图强的精神支柱，就是这点燃了金欧生命的光华！

逐梦箴言

　　一个人活在世上也难免要遇到许多困难。而人就是要在困难所形成的陷坑中去努力奋斗,不断地奋斗爬出这个陷坑。要么就无所行动,待在坑底让自己越陷越深也不回头。奋斗的人可以爬出陷坑,享受成功的喜悦接受阳光的洗礼,让喜悦带走疲劳与满身的尘土,去创造属于自己的成功事业。无所行动的人只会被失败的阴影笼罩,见不到阳光,只会被尘土淹没,被一身的疲劳击倒。这就是奋斗的美妙!

知识链接

芦笙

　　在中国大地上,只要有苗族人的地方,就有芦笙。芦笙,为西南地区苗、瑶、侗等民族的簧管乐器。在贵州各地少数民族居住的村寨,素有"芦笙之乡"、"歌舞之乡"的称誉。芦笙,是少数民族特别喜爱的一种古老乐器之一,逢年过节,他们都要举行各式各样、丰富多彩的芦笙会,吹起芦笙跳起舞,庆祝自己的民族节日。

我的未来不是梦

■ 凡事要从点滴做起——冯英

　　人的一生，就好像是一本书，我们工作生活学习中的点滴小事，都是书中的字符。有的人认为这点滴之间尽是平淡、乏味，然而，人生是在点滴之间绽放精彩，学识是在点滴之间体味渊博，事业是在点滴之间获得成功。

　　不积跬步，无以至千里；不积小流，无以成江海。任何辉煌的业绩无不是从平凡的点点滴滴做起的。舞蹈也同样如此。如果想成为一名优秀的舞蹈表演艺术家，不能急功近利，只有从最基本的事情做起，从最简单的方面学起，才能一点一点收获，一点一点向前迈进，才能在点滴之间完成光辉历程。

　　著名舞蹈家冯英就是一个这样的人，她用自己的经历证实了这一点。

　　冯英的父母都是普通工人，由于工作繁忙，不到两岁冯英便被寄养在吉林的姥姥家。对于童年的记忆，冯英印象最深刻的就是对舞蹈的喜爱。在她还不太会说话的时候，她就喜欢站在镜子前手舞足蹈。这种与生俱来的对美的认同，注定了冯英会在今后的日子里义无反顾地朝着美的方向前行。

　　4岁开始，冯英就跟着街道文艺宣传队一起到处演样板戏，她扮演的小铁梅给大家留下了深刻的印象。在吉林读小学时，冯英是班上的文艺骨干，当时学生们常跳的就是"忠字舞"，但她却总能根据大家熟悉的革命歌曲编出优美的舞蹈动作。

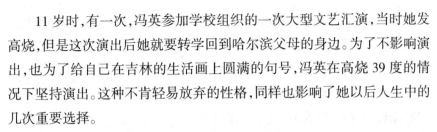

11 岁时,有一次,冯英参加学校组织的一次大型文艺汇演,当时她发高烧,但是这次演出后她就要转学回到哈尔滨父母的身边。为了不影响演出,也为了给自己在吉林的生活画上圆满的句号,冯英在高烧 39 度的情况下坚持演出。这种不肯轻易放弃的性格,同样也影响了她以后人生中的几次重要选择。

回到哈尔滨后,北京舞蹈学校的老师到她所就读的学校招生,因为父母一直不同意女儿学舞蹈专业,所以冯英瞒着父母参加了考试。独特的舞蹈天分让她顺利地通过了层层筛选,在众多考生中脱颖而出。临上火车前,妈妈仍抓着冯英的手劝说她和自己回家,冯英却义无反顾地登上了去北京的列车。

11 岁的冯英成为北京舞蹈学院的学生。直到进了舞蹈学校后,冯英才慢慢开始了解什么是芭蕾舞。一定要踮着脚尖跳舞这样的新鲜劲儿没几天,孩子们就开始觉得疲惫和厌倦了,也有学生家长不能忍受自己的孩子遭受这种"魔鬼一般的训练",毅然把孩子领回家去。可是冯英却咬紧牙关坚持了下来,因为她热爱舞蹈。

有人说:"芭蕾是一门残酷的艺术,它通过对人体的极限'摧残'而达到塑造芭蕾的极致美。"

在舞蹈学院上二年级的时候,同学们开始练习穿芭蕾舞鞋了。急于求成的冯英不懂得要科学地循序渐进地进行练习,而是急功近利地想要成功,导致很快脚尖就被磨破了。

上课的时候,因为脚尖钻心地疼,不得不使冯英怯生生地举起手问老师:"老师,我脚趾磨破了,可不可以暂时不练?"

老师听后斩钉截铁地回答:"脚不磨破不可能成为真正的芭蕾舞演员!磨出老茧就好了。"

在那些日子里,脚尖的疼痛使冯英每天都哭着练习芭蕾舞,但是她从没想过要半途而废。那以后的练习对于冯英来说就更加艰苦了,破了的脚尖每天都被舞鞋反复的"折磨"着,流出血水把脚尖和袜子粘在了一起,每次脱舞鞋的时候,冯英都要忍着钻心的疼。

在脚尖刚磨起泡的时候，即使不穿舞鞋也是疼痛难忍，冯英后来找到了一个办法可以减轻疼痛，就是在每次上场之前，她都要把自己的脚在地上猛劲儿地跺，一直跺到麻木了，疼痛也就减轻了。

作为芭蕾舞女演员，最基本的要求是头小、腿长、胸挺、背直。冯英的身材条件不太突出，在同学中，她难以引起老师的注意。于是，冯英便给自己多加了比别人多好几倍的刻苦和勤奋。

芭蕾舞的高速旋转、大跨度腾空，都要求演员有良好的脚尖功夫，冯英除了正常训练外，还额外增加训练量，几乎每次都练到脚尖失去了知觉才停下来。即使是星期天的时候，大家可以休息了，冯英也依然要给自己加课时。人家做 32 个 foaette 旋转，冯英一定要练够 64 个。小小的冯英感觉只有练完功，她才能踏实地吃东西。

14 岁那年，她坚持每天在练早功的时候连续做弹跳训练 500 次下，有一次，当跳到第 500 次时，由于疲劳和用力过度，在双脚着地的那一瞬间，只听"喀哒"一声响，冯英的后背一下就不能动了。经校医检查后，确定她的腰椎被严重挫伤。

冯英在床上躺了三天后，还没等伤痛消失，她就又投入了紧张的训练中。没彻底好的腰伤从此与她朝夕相伴了。经过 6 年艰苦的训练，冯英最终在毕业实习剧目《天鹅湖》中的表演获得了成功，得到了老师的肯定和观众的认可。

冯英不仅重视舞蹈的基本功训练，而且也非常重视个人的思想道德建设，这在她后来从事教育工作时更得到了体现。她经常教育她的学生，不仅要注重专业训练，还要加强思想建设。

冯英如今的辉煌业绩，皆是她从点滴做起，一步一步奋斗而来的。她说："芭蕾舞的基本功就是从'点滴'的动作开始，所以动作虽然简单，却很有意义。它告诉我们任何事情都是从简单开始，任何的辉煌都要从脚踏实地的点滴做起。"

逐梦箴言

有信仰的人生总是伴随着不懈的奋斗和坚强的毅力，在我们的身边总会有一些人在做着平凡的小事，但随着时间的流逝，我们发现正是这些小事的磨砺成就了一群优秀的人。"知而必行，行而必恒，恒而必达"，只有下决心去做，持之以恒，才能达成目标；只有不断训练，增强自身的执行力，才能成为一个能量饱满的人。无论做什么事，都要养成要循序渐进的习惯，从一点一滴做起，不能一口吃成个胖子。从点滴做起，成就梦想。

知识链接

舞剧《天鹅湖》

《天鹅湖》（俄语：Лебединое Озеро）原为柴科夫斯基于1875年–1876年间为莫斯科帝国歌剧院所俄罗斯皇家芭蕾舞团作的芭蕾舞剧，于1877年2月20日在莫斯科大剧院首演，之后作曲家将原作改编成了在音乐会上演奏的《天鹅湖》组曲，组曲出版于1900年11月。而整部芭蕾的作品编号为OP. 20。天鹅湖是世界上最出名的芭蕾舞剧，也是所有古典芭蕾舞团的保留剧目。

● 智慧心语 ●

1. 我们活着不能与草木同腐,不能醉生梦死,枉度人生,要有所作为。

——方志敏

2. 人类的希望像是一颗永恒的星,乌云掩不住它的光芒。特别是在今天,和平不是一个理想,一个梦,它是万人的愿望。

——巴金

3. 学习的敌人是自己的满足,要认真学习一点东西,必须从不自满开始。对自己,"学而不厌",对人家,"诲人不倦",我们应取这种态度。

——毛泽东

4. 人的一生可能燃烧也可能腐朽。我不能腐朽,我愿意燃烧起来。

——奥斯特洛夫斯基

第四章

做自己的精神教父

成功源于用开放的心态面对世界。恐惧和畏缩的态度并不能够改变世界，我们应该打开心中自我了解和自我认识的灯光，同时用于发挥自己最大的潜能。真正的成功者在于让自己由内而外焕发光彩，再通过自己的行为、信念和以身作则的榜样，让他人也焕发出同样的光彩。

要有毛遂自荐的精神——石钟琴

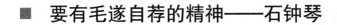

每个人都渴望着有朝一日能够出类拔萃,实现理想抱负;可现实生活中,大多数人却始终会选择做一个守候着梦想的人,默默地期待好运来临,而没有选择做一个主动出击的人。虽然说"沉默是金",可埋在沙子里的金子,终究很难被发现。如果有梦想就应该站出来,努力去争取。让别人看到你的存在,知道你的能力,应该有毛遂自荐的精神,而不是一味地等待机会的到来。

著名舞蹈家石钟琴就是一个懂得毛遂自荐的人。

1960 年,上海市舞蹈学校成立了,设芭蕾舞和民族舞两科。这对心仪舞蹈艺术已久的石钟琴来说,无疑是一个福音,但她压根儿没有想到报考舞校会经历一番不大不小的考验,差点儿使她当舞蹈家的梦想破碎。

当时舞校门口临时设了一个招生站,恰巧石钟琴的家离招生站仅百步之遥。招生站门口贴着诱人的招生简章,报名的人络绎不绝,天真活泼的孩子都是在家长的带领下来报名的,可是当时的石钟琴已经是 15 岁的花季少女了,感觉由母亲陪来报名是一件难为情的事儿,于是她独自一人,瞒着母亲,鼓足勇气踏进了招生站的大门。

可是进去后一打听才知道,来报名的这些孩子其实是招生站的老师在各学校经过目测,认为是适合跳舞的苗子预选推荐来的。这一消息对石钟琴来说犹如当头浇了一盆冷水。她拖着沉重的双腿回到家里,心里说不出是什么滋味。

经过这次事件之后,她虽然是人坐在教室里上课,可心却每天都飞向招生站。终于,她按捺不住心中的渴望之情,壮着胆子,独自闯进了招生站,毛遂自荐。

舞校老师对她上下打量一番,苗条的身材、细长的双腿、炯炯有神的眼睛,令老师们眼前一亮,于是老师们破例对她的腰、腿、胯、脚背、弹跳进行了全面测试,一致认为她具备当一名芭蕾舞演员的条件。

但是当得知她已经是15岁的初三学生时,老师们犹豫了。因为进舞校学芭蕾的孩子一般年龄都在9至11岁之间,像她这样大的年龄学芭蕾舞显然不是一件合适的事儿。这是芭蕾艺术的特殊性决定的,因芭蕾是青春艺术,芭蕾舞演员的艺术生命一般在15年左右,如果录取她,经过7年严格的规范训练,待毕业时她已是22岁了,那么在舞台上创造辉煌的岁月也就屈指可数了。

然而这么好的身体素质条件,如果不录取她,又着实有些惋惜。老师们左右为难,于是决定回校研究,并对石钟琴说:"你回去等通知吧!"

天资聪颖的石钟琴早就从老师们的眼光和交头接耳的神态中,感觉到了无可奈何,她带着忐忑不安的心情离开了招生站,回到了家。从那一天开始,石钟琴每天要看两次信箱,就怕没有及时看到那份日夜思念的录取通知书,可是每次都失望而归。

大约半个月过去了,舞校的教室里开始时不时地传来典雅悦耳的钢琴声,新生已经开学并且开始上课了。可是石钟琴依然没有收到通知书,于是她再也忍不住心中的悲伤,竟然放声大哭起来。

又过了有一个月的时间,石钟琴正在教室里做笔记,一位同学告诉她:老师要她到办公室去。刚踏进办公室,老师就交给她一份舞校芭蕾舞科录取通知书。她简直不敢相信自己的眼睛,凝视着这份录取通知书,半天都说不出话来。

生活就是这么爱捉弄人,当你渴望时,希望变得无影无踪;而当你转而失望时,希望却又突然出现在面前。

当石钟琴反应过来是怎么一回事时,欣喜的眼泪夺眶而出。她向老师

深深一鞠躬,然后像一只快乐的小鸟一样飞回了家里。当父母亲听女儿说完事情的原委后,突然不知所措,因为他们对芭蕾一无所知,而女儿执意要学芭蕾,并且已经收到了学校的录取通知书,他们也只好顺水推舟,让她去了。石钟琴终于梦想成真,手捧录取通知书,跨进了上海舞蹈艺术的摇篮——上海市舞蹈学校,开始了美丽而艰辛的舞蹈生涯。

正是因为石钟琴毛遂自荐的精神,所以才抓住了考入舞蹈学院这样一个难得的机会,虽然刚开始被泼了冷水,但石钟琴没有选择苦苦等待着梦想的到来,而是选择了勇敢站出来,让老师知道她的梦想,看到她的能力,并且凭借着自身优越的条件夺得了老师的喜爱。

逐梦箴言

有一句俗话说"是金子总会发光的"。一个人要成功,不但要有自身刻苦好学的精神和真才实学,还要有自信,要善于表现自己的优点,把自己好的一面展现给别人看。这一点很重要,否则你的长处、优点就无从施展了,从而使一个人的潜力得不到充分的发挥。这将使你的优点被掩埋掉。毛遂自荐,毛遂秀出了他自己,正是他的自信和他的勇气,才让他在众多人群中脱颖而出,淋漓尽致地展现了自己的实力,并得到了重用。只要身上有优势,并肯定自我、坚定自己的信心,勇于跨出第一步"毛遂自荐"大胆地秀出你自己,那么,成功的大门便会为你敞开。

知识链接

毛遂自荐

毛遂自我推荐。比喻自告奋勇,自己推荐自己担任某项工作。中国典籍《史记·平原君列传》记载:秦军围攻赵国都城邯郸,平原君去楚国求救,门下食客毛遂自动请求一同前去。到了楚国,毛遂挺身而出,陈述利害,楚王才派兵去救赵国。

我 的 未 来 不 是 梦

■ 先天条件不足——黄豆豆、乌兰诺娃

没有人是可以随随便便成功的,都是经过不懈努力才可以修成正果。每个人都是如此,舞蹈表演艺术家也同样如此。有些舞蹈家天生就是跳舞的好材料,只要有肯学习肯练习的勤恳精神,再加上有好的机遇,就会成功。但是对有些先天条件不好的舞蹈家来说,就不仅仅需要勤恳的精神和好的机遇了,更需要接受自己的不足之处,而比常人付出更多的努力和艰辛,才能见到黎明的曙光。

黄豆豆就是这样的舞蹈家,黄豆豆在刚开始学习舞蹈的时候,经历了很多的坎坷和波折。对于舞蹈演员来说,舞蹈对表演者身材的要求非常严格,身材比例是决定这个孩子能不能成为一个专业舞蹈演员的一个非常重要的标准。

许多人觉得黄豆豆并不适合跳舞,因为他的先天条件实在不怎么好,"个子不够高,腿不够长,长得也不够'奶油'。"正是因为这些"先天不足"的因素存在,从 10 岁开始,黄豆豆就被舞蹈学校拒绝过许多次,"光北京舞蹈学院附中就考了三次"。

每次考试的时候,考官把他和其他一些孩子挑出来时,他心里都会暗喜:"是不是我被看中了?"可是结果却总是让他失望。"回家吧,你们不适合跳舞。"直到现在,黄豆豆还记得当年考官说过的话,那让他深受打击。

于是,黄豆豆的父亲就苦思冥想地想出来一个非常规的方法来。黄豆豆的父亲在工厂做了一副铁环挂在家中的门梁上,每天在黄豆豆下课回

家后，父亲就让豆豆倒挂，把豆豆的双脚套在铁环的圆环上面。父亲想用这种方法把豆豆的腿拉长一些。

1989年，终于传来上海舞蹈学校要面向全国招生的消息，这时，豆豆的双腿已经经过酷烈的改造，不知道是因为父亲的方法真的起了效果，还是因为当时还处在青少年成长时期的豆豆自身生长的结果，豆豆的双腿果然就比原来长了整整三公分，下身比上身长了12厘米，终于达到了专业舞蹈演员的标准。于是，母子俩又揣上盘缠，向上海进发。黄豆豆从600多名考生中脱颖而出。

为了证明虽然自己先天条件不好，但也能跳好舞，黄豆豆总要付出比别人更多的努力，"同学花80%的努力能够练好一个动作，我花95%的努力可能都不能让老师满意"。但是因为害怕同学说自己爱表现，以此取悦老师，黄豆豆平时不敢练习，只能在没人的时候偷偷练。

因为自身的努力，黄豆豆进步很快。在学校期间，他还代表学校参加了一个全国性的舞蹈比赛，结果拿到了金牌，而这在该校历史上是从来没有过的。也正是因为那次比赛，1995年他被导演选中，走上春晚舞台，舞蹈《醉鼓》几乎让黄豆豆一夜成名。

黄豆豆并没有因为自身条件不好就放弃了对舞蹈艺术的追求，而是努力接受自身的不足，并想方设法地去弥补这些不足，从而使自己获得了进入舞蹈学校的通行证。而这期间为了"三公分"所付出的努力，是常人不能想象的。

中国著名舞蹈家黄豆豆通过自身的努力获得了成功，远在俄国也有一位这样的舞蹈家，她的名字叫乌兰诺娃。

乌兰诺娃1910年1月8日生于圣彼得堡的艺术世家。父亲是马林斯基歌剧院的芭蕾舞演员和导演，母亲也是该剧院的芭蕾舞独舞演员，后来成为芭蕾舞教师。乌兰诺娃是父母唯一的女儿，从小受到芭蕾舞艺术的熏陶。儿时的她见证了芭蕾舞的美妙和芭蕾舞演员的辛苦。

乌兰诺娃后来回忆说："我当时的印象是，妈妈从来不休息，从来不睡觉。大概实际情况也差不多是这样。有一次，我听爸爸、妈妈交谈时说，要

送我去舞蹈学校学习芭蕾舞。我惊恐万状地想，难道我也要这样不停地工作，永远也不睡觉吗？"

父母并非觉得芭蕾舞演员的女儿就应该搞芭蕾，而是发现了女儿身上的艺术天赋：对美的细腻感悟，与生俱来的乐感，形体动作既柔软又大气。父母认为，她简直就是为芭蕾而生。1919 年 9 月，乌兰诺娃进入列宁格勒舞蹈学校学习。

其实儿时的乌兰诺娃的形体条件并不理想，颧骨突出，身材短小，肩过宽，脖子也稍短，表情冷淡，被大家称为"蒙古女孩"。后来还是被母亲送到了天鹅起飞的地方——芭蕾学校。

9 岁的乌兰诺娃性格怯懦、腼腆，那时的她并不想做一个像妈妈那样几乎从来不休息的芭蕾舞演员。于是开始的时候，她大哭大闹要回家。她不仅在舞台上面对观众时，而且在普通的教学课堂上都经常不知所措。那时乌兰诺娃在舞蹈中没有体会到任何乐趣。小乌兰诺娃儿时的理想是当一名水手，她酷爱大自然。妈妈曾一度怀疑自己让孩子学习芭蕾舞的决定是否错了。

她的第一个老师不是别人正是她的母亲，上第一堂课的时候，乌兰诺娃竟不顾一切地冲到母亲跟前，急切地要求回家，然后每天早晨她都哀求妈妈带她离开这里回家。一直磨到母亲答应到新年时带她回家才罢休。乌兰诺娃见母亲答应了自己的要求，便以平静的心情等待着新年的到来。

可是真的要回家了，她又不想走，因为在学校里她已有了朋友，还有自己的母亲和另外一些好的教师在教她，这时小乌兰诺娃已经学会了舞蹈的一些基本功，并且习惯了把杆的练习，她的童心获得了成就感，也对舞蹈产生了兴趣。这时她对舞蹈中的韵律和它的和谐性，还有学校那种稳步前进的练习进程也开始喜爱起来并决心为之献身。

周围的女孩由于条件较好，时常逃课外出游玩，而她因为体形不是非常理想就每天坚持练功，一定要使自己的形体完美，舞技精湛。

到第二年，她已经在同学中表现出与众不同的素质。在一次高年级学生的毕业演出中，妈妈发现舞台上众多的舞者中有一个出众的身影，流畅

而充满感染力的表演淋漓尽致地展示了芭蕾舞演员的优秀素质，定神再看，原来是自己的女儿。从此，母亲不再怀疑自己给孩子的选择。

1928 年 18 岁的乌兰诺娃在基洛夫剧院举行了毕业演出，一颗璀璨的新星从此在芭蕾舞坛上冉冉升起。

逐梦箴言

有一位哲人说过：世界上能登上金字塔的生物有两种：一种是鹰，一种是蜗牛。不管是天资奇佳的鹰，还是资质平庸的蜗牛，能登上塔尖，极目四望，俯视万里，都离不开两个字——勤奋。一个人的进取和成才，环境、机遇、学识等外部因素固然重要，但更重要的是依赖于自身的勤奋与努力。缺少勤奋的精神，哪怕是天资奇佳的雄鹰也只能空振羽翅，望塔兴叹。有了勤奋的精神，哪怕是行动迟缓的蜗牛也能雄踞塔顶，观千山暮雪，望万里层云。如果一个人先天条件不是非常好，那么，请接受自己的不足，并通过自己后天的努力，便可走向通往成功之路。

知识链接

北京舞蹈学院

北京舞蹈学院创办于 1954 年，初名北京舞蹈学校，是新中国建立的第一所专业舞蹈院校，爱国华侨、著名舞蹈家戴爱莲出任第一任校长。1978 年经文化部正式批准成立北京舞蹈学院；1999 年获得舞蹈学硕士学位授予权；2005 年获得艺术硕士（MFA）学位授予权。2010 年学院与北京大学全面合作，联合培养博士研究生，2012 年与中央音乐学院联合培养硕士。目前北京舞蹈学院是中国舞蹈教育的最高学府，也是当今世界规模最大，专业设置最为齐全的知名舞蹈院校。

我 的 未 来 不 是 梦

■ 舞蹈中思考人生——高艳津子

高艳津子，土家族，1995年北京舞蹈学院编导系现代舞专业毕业，并于1996年开始举办个人现代舞专场，毕业后曾随团赴十多个国家和地区巡回演出，应邀出访过意大利、德国、法国、韩国、新加坡等国家的重要艺术节。高艳津子是位极具灵性的舞蹈家，其表演及编舞才华很早就崭露头角。

在高艳津子追求舞蹈艺术的道路上，经历了非常曲折艰辛的过程。刚求学时遭到失败，为求学住煤棚睡木板，这都是她在求学路上的故事。

在高艳津子12岁那年，舞蹈学院附中在贵州招生，高艳津子想去试一试。父亲一再询问她是否真心想学跳舞时，曾告诉过她，这个门一旦进来，就是一生的艰辛。但是高艳津子不怕苦，说一定要跳舞。

就这样，在舞蹈学院招生的时候，高艳津子就去参加考试了。考官拿着尺子量腿的比例是多少，头的大小，还要看牙齿是否整齐，和手的长度，等等。经过了一系列严格面试之后，自信满满的高艳津子没想到自己竟然得到了一个失败的结果。

学校的回馈信息说，因为高艳津子跳得太好了，所以他们就不要了。其实学校是想招零基础的小孩子，招进来的孩子可以不懂舞蹈，可以不懂舞蹈的感觉，但是条件好的话，就可以用老师们的教学和对孩子们艺术的理念，来形成规划。

而高艳津子当时的水平，已经超过了去面试的孩子们。就这样，因为一个"跳得太好"的理由，高艳津子的这次考试失败了。

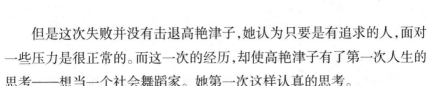

但是这次失败并没有击退高艳津子,她认为只要是有追求的人,面对一些压力是很正常的。而这一次的经历,却使高艳津子有了第一次人生的思考——想当一个社会舞蹈家。她第一次这样认真的思考。

因为有那次失败的思考,高艳津子开始活跃了。那时候高艳津子常常在学校里面操场上带着大家跳舞。时隔不久,就是舞蹈学院第三届专家编导班招生。高艳津子的父母当得到了这个信息后,瞒着女儿给舞蹈学院的院长写了封信。

他们在信中说他们的女儿虽然不像老师们认为的那样,有那么多漂亮的条件,但是作为从事多年的舞蹈工作者的父母二人,一致坚定地认为高艳津子是一个人才,所以希望舞蹈学院可以给她这个机会。

结果这个院长非常婉转地回了这封信,其实是一个拒绝的信。收到信后,爸爸妈妈和高艳津子就在家开了一个家庭会议,决定直接去北京!

然后父亲就带上高艳津子,两个人坐着火车到了北京,刚到北京的时候,只能住在地下室。在见了系主任之后,系主任还是之前的态度,怀疑地问,她那么小,能行吗?

父亲非常诚恳地说,"你试试她,她真的行,她的思维跟别人不一样。"

然后院长就说,那我们就试试吧。我们也让专家看看,如果专家觉得可以试,咱们就试。

后来,专家一见到才16岁的高艳津子,就觉得她非常可爱。说,"她要想学,为什么不可以试呢?那你就让她试试吧。"

就这样,高艳津子暂时留在了北京,父亲给了点生活费就走了。那段时间,一个十几岁的小女孩儿独自在北京生活,是非常艰辛的日子。因为高艳津子是进修生的缘故,学校是不给提供宿舍条件的。刚开始的时候,高艳津子只能在学校是个人一间的地下室将就着住。在那里住的时候,只有高艳津子是常住人口,其他人都是暂住几天,随后就不住了。于是高艳津子的东西常常会不翼而飞。

后来,高艳津子听说学校旁边的农舍里面,如果租一间房子,和地下室的价钱差不多,但是有自己的小空间。于是高艳津子就去农舍里面看

看，结果人家给腾了一个煤棚，说是给多少钱就给这个价格的地方住。后来还给用门板做了一张床。

第一天住进去的时候，才16岁的高艳津子因为害怕都没敢打开行李箱。于是独自一人哭了一晚上，第二天就到商场里面用80%的生活费买了大花布把整个床铺好。

就这样过了一年。每月300元生活费已尽父母所能，一半付房租和买音乐带子，一半就只能凑合着吃，3毛钱一包的方便面便是至上的美味，那会儿，料包里最后一滴油也要被她挤榨干净。

在北京舞蹈学院编导系专家班，在一群来自全国各地的文工团领导中，年龄最小、经济最窘迫的高艳津子却展示了她非常的才华。那一段艰难的日子引起了高艳津子的第二次思考。

后来高艳津子说，"那以后我得出的思考就是——人不怕穷，怕的是你失败了。如果你有你的创造力，你勤劳一点，你有你的精神面貌，你改变了它，它就是另外一个环境，这个环境反而变成了一个世外桃源。"

高艳津子是一个总能在艰难生活中认真思考的人。除了这两次思考外，还有一次，高艳津子深深地思考了一下自己的舞蹈世界。

当高艳津子完成在舞蹈学院的学习经历的时候，冥冥中有些思考也开始萌发出来。对当时的高艳津子来说，之前所面对的所有舞蹈状态完全是一种本能的天性热情在跳，当她完成这个学习过程之后，高艳津子突然就觉得开始找不着跳舞跟生命性、跟社会性的关联。如果不把这中间的联系梳理清楚，就感觉每一个动作的理由都不充分。

在高艳津子看来，舞蹈就好像是她命里的事一样，所以完成学习之后，她闭关了两个月，一直没跳舞。她觉得自己必须要想清楚这件事，如果想不清楚就真的要放弃了。

但是从学习班回家之后，她做了在别人看来非常特别，也非常疯狂的一件事，就是一下子连着跳了三天三夜的舞。

之所以跳了三天三夜是因为在当时学完现代舞之后回家，大家都想看看现代舞是什么。于是，包了一个大场子，有200多位观众。第一天高艳

津子从晚上 8 点开始跳，一直跳到 12 点。高艳津子突然就感觉到台下面对她的观众，眼睛里释放出一种特别热烈的神情，她还能感觉到当她的舞蹈触及到观众情感的那个痛处的时候，观众反馈给她的那种能量。

在这个跳舞的过程中，高艳津子逐渐感觉到她的心在打开，也渐渐地找到了心灵的家在哪里，突然就觉得这个舞蹈没办法结束了。所以在这之后的两三天中，她跳舞的状态变得非常好，就好像一下所有的事都想通了，都疏通开了。

对高艳津子来说，这次经历使她再一次思考，也是她舞蹈生涯中的另一个开始。她认为任何事情都是心灵的，人和奋斗也是心灵的。如果眼睛明亮了，如果心灵明亮了，那么方向也就是明确的，也是善美的。

逐梦箴言

一个人若想成就大事，首先，必须先思考你自己，要不断地向自己提出问题，运用自己的大脑，看一看哪些是需要弥补的不足之处，哪些是应该改正的错误之处，哪些是该向别人请教的不明之处。只有这样，才会有进步，才会走向成功。

知识链接

土家族

土家族是中国的少数民族之一，主要居住在云贵高原东端余脉的大娄山、武陵山及大巴山方圆 10 万余平方公里区域，分布于湘、鄂、黔、渝毗连的武陵山区。1957 年成立了湖南省湘西土家族苗族自治州，1983 年又成立了湖北省恩施土家族苗族自治州，其后又相继成立了酉阳、秀山、石柱、长阳、五峰、印江、沿河等民族自治县。通用语言为土家语和汉语。

我的未来不是梦

■ 时势造英雄——林怀民

1973 年，林怀民在台湾创办现代舞团——云门舞集。他不是科班出身，却把全部理想附着在舞蹈上。30 多年过去了，云门舞集成为亚洲最具影响力的现代舞团，是一支重量级国际舞团。林怀民也因此被称为亚洲的巨人、20 世纪伟大的编舞家之一。

在林怀民五岁那一年，跟着父母看了一部关于舞蹈的好莱坞电影《红菱艳》，还是一个小孩子的林怀民被深深地打动了，于是像中了邪一样，居然学着跳起来。然而林怀民出身世家，父亲又是政府要员，跳舞这种在当时看来并非正经营生的行业，没有人鼓励他去做。

在他 14 岁的时候，写作天分就显露出来了，到当时台湾数一数二的《联合报副刊》投了稿子。然后他得到了人生中第一笔稿费。

然而因为林怀民从小就非常喜欢舞蹈，而当时无论是从电影、杂志、画报上看到与舞蹈相关的内容，对于那时候的林怀民来说，舞蹈的知识还没有掌握很多，并且在那个时候舞蹈教室也并不多见。

当林怀民拿到了沉甸甸的 30 块钱稿费以后，这生平第一笔稿费，他拿去报名上了生平第一堂芭蕾课。然而对少年林怀民来说，舞蹈似乎只能是一个遥不可及的梦。虽然拿着一大笔稿费能去上向往已久的芭蕾舞课，但在这样一个传统的知识分子家庭，父亲只给他的未来两种选择：律师或医生。

临考前还在写小说的林怀民终于遂了父亲的心愿，考上政大法律系，

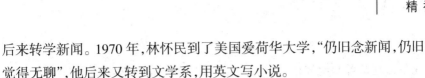

后来转学新闻。1970 年，林怀民到了美国爱荷华大学，"仍旧念新闻，仍旧觉得无聊"，他后来又转到文学系，用英文写小说。

可是就在他攻读硕士学位的时候，林怀民竟然以 22 岁的"高龄"，把自己丢进了现代舞课堂。虽然他知道这并不是一个学跳舞的年龄，但他却非常认真。因为身体骨架子都已经成型了，所以那时候在等地铁等巴士的时候，林怀民都将脚就挂起来，挂在任何一个有杆子的地方，以此来多加练习自己。

上了一个多月的舞蹈课后，林怀民找到老师，说自己编了一个舞，要跳给老师看。老师看完后大为吃惊，要他放弃学位到纽约学舞。但是林怀民还是把学位念完，才到纽约投入著名的玛莎·格雷厄姆现代舞校学习。在那个嬉皮士文化风行的年代，年轻的林怀民享受着光脚走在纽约大街上的自在，更享受他对舞蹈的选择。

1972 年林怀民"觉得对自己的民族，对曾经滋养教育他成长的社会，应该有所回报"，从纽约返回台湾。回台的第二天，很多朋友来探望林怀民，其中一位舞蹈家，要把他介绍到学校教授现代舞。

学了一段时间后，因为大家想上台表演，林怀民又编了一段舞，并为这个并不正规的团体取了一个名字——"云门舞集"。

1973 年春天，林怀民在台北信义路的巷子里，租了一个 80 多平方米的公寓，铺了地板，嵌上镜子，开始以汗洗地的操练。从此从一个"写小说的作家"摇身一变，变成了一个"跳舞的舞者"。

林怀民最初的想法很简单：先为"云门"编一段时间的舞，两年后让专业的舞者接手。但接下来的事情让他极为意外。1973 年，"云门"第一次在台北演出，两场 3000 多张票，竟卖得精光。

掌声和荣誉接踵而来的同时，困难和压力也随之而至。"准备公演期间，我教课，我编舞，我排练，我拉广告，我设计服装……一切必须自己来，因为谁也没有经营舞团的经验。"由于长期满负荷运转，林怀民觉得自己要崩溃了。

那时候，林怀民天天在家里喝酒，喝得最凶的时候一个礼拜干掉了三瓶 XO。"我找各种借口逃避对云门的责任。很长一段时间，我没有去过练

舞所。"在云门草创之时,林怀民教舞者们要接受磨炼,对未来要有信心,现在轮到舞者们给林怀民打气了。在林怀民不在的这段时间里,两位舞者搬进了练舞所,负责教课,同时跟一位德高望重的老师学习京剧。

一天晚上,林怀民在街上徘徊时,突然意识到自己已经离开练舞所太久了,他决定去探访那些舞者。空旷的练舞场里,两个女孩子正对着镜子一丝不苟地练习基本动作。林怀民看了一会儿,脱下鞋子,开始指导她们练习。在这个过程中,林怀民逐渐兴奋起来了。下课后,舞者们静静地对他说:"老师,谢谢你。"林怀民冲下楼,一边在街上狂奔一边掉眼泪。他意识到:没有舞者就没有云门。第二天,那个踌躇满志的林怀民又回来了。

每一个舞者的身上都是带着伤的,林怀民也同样如此。

有一次,在台北"国父纪念馆"的后台,舞者都在焦急地抱怨着,"林老师,还有半小时就开演了,服装怎么还没送到! "

"别慌,服装是李老板做的,李老板从不误事,一定会送到的。"林怀民一边安慰舞者,一边打电话给服装公司。七点整,云门舞集今天的开幕戏《红线绳》就要上演,现在六点半,林怀民比舞者更急。

他也要登台的。

他也是舞者,同时还是云门舞集的创办人,一切突发状况的负责人。

终于,李老带着衣服来了:"你总是不按理出牌,专出怪招来烦我。"李老板也对林怀民抱怨连连,"民族舞蹈的衣服我一天做上百件,你的衣服三天只能做一件。你们又穷,做云门舞衣,我赔时间赔工钱! "

没时间了,赶快换衣服。林怀民说不出话。

李老板又道:"不过嘛,一般的衣服是生意,云门的舞衣,是作品。"

还没顾上品味这番话呢,灯光就亮起来了。大幕拉开——破天荒地晚了五分钟,所幸没出别的差池。

《红线绳》顺利演完,第二场舞是《盲》,林怀民要亲自登台了。

冷静下来,深呼吸,音乐声起,跳,急翻身,落地,爬,跪转,腾跃——本来应该双足一起落地的,但右脚却不知怎的抢掉了先。林怀民听到自己的右脚肌肉轻响了一声,随即是钻心的疼痛。

台下坐着 5000 名观众。他们在静静地欣赏着云门的艺术。于是,林怀

民咬紧牙关,继续跳舞。心想,肌肉撕裂,又怎样? 没有舞者不带伤的。

这就是林怀民,这就是林怀民的舞蹈精神。

林怀民一直在揣摩如何"用身体沟通讲话",呈现最原始的、最具生命力的撞击。为了让"云门"每个舞者都学会"用身体讲话",林怀民还创出一套独门训练法:"云门"舞者通过传统的静坐、武术、拳术、太极导引、书法等训练,内观自我身体内部如何运作,以期改变自我与身体的关系。

他还给有志于艺术这一行的年轻人,这样一段话:

对自己想做的事就开始去做,喜欢跳舞就去跳跳看,喜欢音乐就去做做看,看自己是不是真的喜欢这件事,喜欢读书的就赶快去读,当你开始阅读、开始关心某件事情,接下来,有些门、有些世界,就自然打开了!

"Just do it! 不要只是坐在那里想。"

逐梦箴言

时势造英雄指在特定的历史条件下(如社会动荡),使人的聪明才智显露出来,并相互作用,使之成为英雄人物。暂且不说林怀民可不可以称之为英雄,但在舞蹈界来看,他也算是个人物了。成就他的,正是他所处的环境。但是更重要的是,他能在当时的社会环境下,充分调动自己的优势和特长,以及他在对待舞蹈的那种难能可贵的精神,才促成他的成功。所以,即便是时势造英雄,也是英雄本身具有可造之势。

知识链接

京剧

京剧(Beijing Opera),为中国"国粹"、国剧,已有200年历史,享誉海内外。起源于中国古老戏剧秦腔、徽剧、昆曲及汉剧。又称"皮黄",由"西皮"和"二黄"两种基本腔调组成它的音乐素材,也兼唱一些地方小曲调和昆曲曲牌。它形成于北京,时间是在1840年前后,盛行于20世纪三、四十年代。现在它仍是具有世界级影响的大剧种。它的行当全面、表演成熟、气势宏美,是近代中国汉族戏曲的代表。

• 智慧心语 •

1. 没有人在乎你跳得好不好。只要跳起来就行!伟大的舞者并不因为技术而伟大,是因为激情而伟大!

——马莎·格雷厄姆

2. 一个有坚强心志的人,财产可以被人掠夺,勇气却不会被人剥夺。

——雨果

3. 成功并不能用一个人达到什么地位来衡量,而是依据他在迈向成功的过程中,到底克服了多少困难和障碍。

——布克·华盛顿

4. 理想是指路明灯。没有理想,就没有坚定的方向,而没有方向,就没有生活。

—— 托尔斯泰

第五章

中国老一辈舞蹈大师

　　这是一代善于学习的舞蹈家。他们向传统学习,向民间学习,向外国学习。无论什么样的天气,他们都可以在艰苦的条件下不畏困难。这一代舞蹈家,都经历了十年动乱,他们的精神和肉体都经受了极度的摧残。但是他们并没有向命运低头,而是以惊人的毅力重返艺坛。

一代舞蹈宗师——戴爱莲

戴爱莲出生在西印度群岛的一个三代华侨的家庭，从小就非常喜欢音乐和舞蹈的戴爱莲，常常会随着母亲弹奏的乐曲随心所欲地跳起舞来，就像春风中一个漂亮的小蝴蝶一样，自由地飞翔。

妈妈问她跳的是什么舞，她踮起小脚，轻轻地跑到妈妈身边瞪着眼睛顽皮地说："我不知道是什么舞，是您的音乐在教我跳舞呀，您应该知道的。"妈妈听后惊奇地发现自己的小女儿原来是一个跳舞的小天才呀，是音乐为她插上了想飞翔的翅膀。

当地有一所专门为白人儿童设立的学校，并且还附带了一个舞蹈班。戴爱莲是多么想去这个舞蹈学校啊。可是由于种族歧视，有色人种是不允许进这所学校学习的，所以，戴爱莲每天就只能趁放学后饿着肚子站在窗外面偷偷看老师教舞蹈。

戴爱莲天资聪明，有着非常强的记忆里和模仿力，她只要看过几遍后，就赶紧回家照着练习，一直练到满头大汗自己觉得满意了才肯停下来。

父母见她这么热爱舞蹈，于是就想尽办法来帮助她获得学习的机会。经过父母的努力，终于获得了一丝希望。学校提出要求戴爱莲通过舞蹈考试才能做出最后决定。大家都没有想到的是，12岁的戴爱莲不仅准确无误地做完了舞蹈班学生学过的所有舞蹈动作，而且还能随着音乐来了段即兴舞蹈。

　　戴爱莲优美的舞姿使得学校的白人舞蹈教师破格录取了她,并且,戴爱莲成为这个舞蹈班中唯一的一个有色人种学生。

　　戴爱莲一直就是一个勤奋刻苦的好学生,她并没有因为自己的舞蹈天资而骄傲,而是更加努力去学习。戴爱莲14岁时随妈妈和姐姐到伦敦学习舞蹈,在伦敦街边的商店里,陈列着各式各样特别好看的服饰,可是戴爱莲从来都是不屑一顾的,因为她从来没有想到要好好打扮一下自己,在她的思想中,舞蹈王国才是她快乐漫游的地方。

　　戴爱莲整日里都是如痴如醉孜孜不倦地学习着,可是好景不长,由于父亲赌博,使得家业破产,无奈之下的母亲和姐姐只能返回西印度群岛。而戴爱莲为了追求她挚爱的舞蹈,选择留下来学习。繁忙而清苦的半工半读的生活开始了。她常常交不起学费,而挨饿更是经常的事了。

　　为了维持最低的生活水平和凑足学费,戴爱莲不得不做为饭店洗盘子、做佣工、充当模特儿,或者是在电视中充当临时演员等工作。后来老师知道了她的窘况后,责怪戴爱莲为什么没有告诉她。于是,这位善良的老师深情地对她说:"以后你不用给我交学费了,我的大门永远都向你这位勤奋好学的好姑娘敞开着。"

　　戴爱莲在学习舞蹈的过程中,不仅非常勤奋,而且她还是一个具有创新精神的人,但是她的创新精神也为她带来了不少的苦头。

　　单纯学习芭蕾舞并不能满足戴爱莲的求知欲,于是她决定学习现代舞。1936年,戴爱莲参加了由莱里斯主持的现代舞工作室。在这段学习的过程中,戴爱莲将现代舞与芭蕾舞做了比较,并且领悟到了一些新的问题。

　　她认为,现代舞不受程式束缚,自由且奔放,并且富于感染力,但是缺乏系统的基本训练和高超的技术。而芭蕾舞,虽然有系统的技术和完整的程式,但是却缺乏表现力,如果两者能够互为补充,取长补短,那一定能创造出一种比较理想的新舞蹈形式。

　　可是在当时的环境下,芭蕾舞与现代舞正处于势不两立的阶段,戴爱莲的这种观点,被认为是对现代舞的背叛,最终,她被开除了。

可是戴爱莲并没有放弃，为了不断探索她理想中的新舞蹈形式，1936年到1938年期间，她参加了恩斯特和罗特·伯克现代舞蹈团，边工作边学习。不久戴爱莲看到尤斯舞蹈团的演出，眼前一亮！这就是和她所探求的以人体动作与感情紧密结合在一起，具有高度技术，并且表现力很强的新舞蹈形式啊！

于是，她决定投考尤斯舞蹈团，并且以优异的成绩得到了尤斯——莱德舞蹈学校的奖学金，她在这里度过了一段难忘的学习生活。

戴爱莲不仅有一颗热爱舞蹈的心，同时他还有一颗火热的赤子之心。1937年"七·七事变"后，日本帝国主义向我国发动了全面侵华战争，中国正处于危急存亡的关头。戴爱莲的心一直是随着祖国命运的脉搏而跳动着的。她为受难的同胞赶到悲痛，为抗日将士而自豪，因为她是炎黄子孙！

于是，她决心冲破重重困难回到祖国的怀抱，并向祖国奉献一颗赤子之心。踏上了祖国土地的戴爱莲，又激动又愤怒，祖国大好河山在敌人疯狂的轰炸下变成了焦土，无家可归的难民扶老携幼露宿在街头。这样的局面，使得戴爱莲非常想来安慰大家，鼓励大家，可是从小生活在国外的戴爱莲，只会说英语，而没办法说出中国话来。

戴爱莲带着对日寇的恨，对人民的爱，积极参加抗日的宣传活动，并创作了一系列以抗日斗争为题材的舞蹈。她的这些舞蹈，真挚而强烈地表达了人民不屈的意志和高尚的灵魂。

此后，为了发展中国民族的舞蹈，戴爱莲一直在寻找中国舞蹈的根。她积极投身到调查、搜集、整理民族民间舞蹈中，并且到各地学习舞蹈。

在她到桂林经大瑶山时，学习、记录了瑶族舞蹈；到重庆时，她向新疆来的朋友学习新疆舞。戴爱莲深入到少数民族地区，看到人民跳起本民族的舞蹈时，那种发自肺腑的真挚感情，是人顿时忘却了所有的疲劳和忧伤。

这是一种彼此之间用心灵对话的舞蹈，粗犷而朴实。她和大家肩并肩、手牵手地又唱又跳，她的心紧紧地和大家连在了一起。戴爱莲欣喜地发现，她已经找到了植根在民间沃土中的舞蹈了，这舞蹈的"根"深深滴扎

在人民中。

辛勤的汗水,总是可以浇灌出绚丽多彩的舞蹈之花。1946年,戴爱莲将搜集来的民族民间舞蹈,经过自己加工整理之后,在重庆青年馆由育才学校的师生协助进行了首次"边疆音乐舞蹈大会"演出。演出中包括了藏族、维吾尔族、彝族、瑶族、羌族、汉族六个民族的舞蹈。

戴爱莲为人民打开了中国舞蹈的宝库,使它登上了舞台,重新放出璀璨的光辉!

逐梦箴言

勤奋与创新是一对孪生姐妹,"勤奋"是"创新"的前提,"创新"是"勤奋"的方向。一个人要取得事业成功,必须具备进步思想、科学方法。要勤劳奋斗,不怕困难,不怕失败,勇于创新。

知识链接

西印度群岛

西印度群岛(West Indians)是北美洲的岛群,位于大西洋及其属海墨西哥湾、加勒比海之间,北隔佛罗里达海峡与美国佛罗里达半岛相望,东南邻近委内瑞拉北岸,从西端的古巴岛到委内瑞拉北海岸的阿鲁巴岛,呈自西向东突出的弧形,伸延4700多公里。面积约24万平方公里。把这些岛群冠以"西印度"名称,实际上是来自哥伦布的错误观念。1492年当哥伦布最初来到这里时,误认为是到了东方印度附近的岛屿,并把这里的居民称做印第安人。后来人们才发现它位于西半球,因此便称它为西印度群岛。由于习惯上的原因,这一名称沿用至今。

■ 穿越时光的舞者——陈爱莲

　　1939年陈爱莲出生在上海,幼孤。1952年从上海一心孤儿院考入中央戏剧学院附属舞蹈团学习班,1954年考入中国第一所舞蹈学校——北京舞蹈学校,1959年各科均以全优成绩毕业。

　　通过四十几年的丰富艺术实践,陈爱莲形成了自己的鲜明艺术特色,成为中国最有影响的舞蹈艺术大师,她所表演的舞蹈受到了广大观众的欢迎和舆论界极高的评价,普遍认为陈爱莲的舞蹈"是无法用语言形容的艺术"、"天衣无缝、精彩绝伦"。她本人亦被称为"东方舞蹈女神"。

　　1939年陈爱莲出生在当时的一个小康之家。父亲是当地警察局司法科科长,母亲是纺织女工。她从小便住花园洋房,上教会小学。人长得天生丽质,又是父母的掌上明珠,在那个战火纷飞的年代,陈爱莲的家庭环境无疑是让人羡慕的。

　　1948年陈爱莲年方9岁。这一天,穿着花布棉袄的陈爱莲和妹妹听到锣鼓喧天,鞭炮齐鸣,赶忙放下手里的碗筷,来到二楼的窗前,只见不远处的舞狮队龙腾虎跃地已经来到了自己的家门口。"陈会长,老乡给您拜年了!"一个鬓须皆白的老者,手执铜锣,仰头高声叫道。说罢,几个年轻人手忙脚乱地把一箱礼品抬进了院子。鞭炮与掌声中,爱莲与妹妹都为自己的父亲乃至家族能得到乡亲们的爱戴而感到无比骄傲和自豪。

　　也许这种同乡会舞狮就是陈爱莲较早接触到的舞蹈形式。古老的流风遗泽,像一缕缕春风吹拂着小爱莲心中对美的追求萌芽。

1949 年，上海解放了。这一年，陈爱莲刚好 10 岁。十里洋场的大上海是中西文化的产物，家庭的熏陶和上海滩发达的戏剧、电影，就像一片肥沃的热土，陈爱莲这株艺术幼苗在这里茁壮地成长。

就在小爱莲还在童话般的世界里做着幸福的美梦时，一场突如其来的家庭变故，彻底打破了她宁静而快乐的生活。父亲陈锡康由于误食了不洁的狗肉，浑身浮肿而死。也是在同一年理，母亲也因食道癌而离世。一年的时间里，陈爱莲和妹妹从人人都羡慕的幸福小孩，变成了孤儿。

弄堂里有人说陈爱莲的母亲得的是痨病，就是肺结核。在从前这是一种很可怕的传染病。还年幼的陈爱莲走在弄堂里时，能感到邻居们就像避瘟神一般的异样目光。很多人看到她走过来，都不约而同地远远躲开。平日里那些要好的小伙伴们，也都不像从前那么欢迎她了。从此，她知道了什么叫世态炎凉。

她被命运之神推向了悬崖，成了孤儿。从此，街坊邻居们在垃圾堆旁，在废品收购站里经常能看到一对儿年幼姐妹的身影。生活的阴霾开始笼罩着陈爱莲姐妹幼小的心灵。

过早尝尽人世炎凉，本来性格内向、倔强的陈爱莲，自此更变得少言寡语、表情漠然。后来两姐妹被好心人送到上海一心孤儿院，在这里度过了两年衣食无忧的时光。

一次改变命运的机缘，意外地把陈爱莲引上了舞蹈之路。1952 年，中央戏剧学院附属舞蹈团学员班到上海招生。在孤儿院里，招生人员一眼就看好了陈爱莲。她面庞秀气，身段颀长，一看就是块跳舞的料。然而那时的陈爱莲还不知舞蹈到底是什么，便懵懵懂懂地跟着招生人员来到首都北京。

从那时候起，每天早晨起床钟声一过，陈爱莲和同学们就准时来到院子中间练功。起霸，趟马，在棉花包装的长凳上下腰、劈腿，在砖地上踢前、旁、十字各上百腿，过虎跳，前桥，跑圆场，还真有古人所说的闻鸡起舞的意境。

北方的冬天寒风刺骨，可即便是如此，陈爱莲也是每天早上 6 点天还

不亮就起床。由于练功的时候不能戴手套,很多同学的手都冻僵了。陈爱莲也想偷下懒,停下来暖一暖。

可每当她要暖和一下的时候,就想起来教古典舞老师们的教诲,"冬练三九、夏练三伏"、"拳不离手,曲不离口"、"不知苦中苦、难做人上人"等等这样的话,于是就来了精神,忍着寒冷继续练功。

学院对舞蹈团的学员很关心,内部组织观看电影《芭蕾舞》,剧中演员都是当时苏联顶级的舞蹈演员。陈爱莲从那时起,感觉到舞蹈也能塑造人物,展开故事情节。

随着优美的旋律,舞台形象有一种模糊的感觉,朦朦胧胧的美,每个人都可以根据自己的人生经历进行理解和想象。舞蹈不单纯是一种形体美的艺术,而且还是深入人们灵魂深处的艺术。

电影结束后陈爱莲心潮起伏,灯下,她摊开日记本,激动地写下:"舞蹈,我将永远做你的朋友! 舞蹈,将是我一生的追求!"

1954 年,陈爱莲考入了中国第一所舞蹈学校——北京舞蹈学校,在这里打下了坚实的舞蹈基础。1959 年,陈爱莲以各科全优的成绩结业,同年因主演了中国第一部芭蕾舞与中国舞相联系的舞剧《鱼美人》而声名鹊起,那一年她仅 17 岁。

从孤儿到舞神这几十年的道路,陈爱莲经历了少年成名的辉煌,但也随之品尝了人世间的酸甜苦辣。作为那时中国最年轻的舞蹈家之一,陈爱莲迎来了事业的黄金时期。可是,人实在是不如意十之八九。就在她的事业如日中天的时候,"文革"的风暴席卷而来,瞬间把她推到命运的深渊。

在"文革"期间,陈爱莲被打成了"反革命"。1968 年 9 月,丈夫杨宗光不堪凌辱,卧轨自杀。从此陈爱莲开始失眠,白天不能见光,屋里不能听到动静,怕在恍惚间,错过丈夫回来的身影。

对于陈爱莲来说,那个冬天,是一个非常难熬的冬天。可当陈爱莲度过那段难熬的日子后,她又出现在练功房,开始训练。

后来,她被视作"五·一六"分子的一个小头目,成为重点监控对象,被关在歌舞剧团四楼一个单元的小房间里。小房间有 12 平米,屋里放了三

我的未来不是梦

张床，两个"革命群众"一人一张床，看着她，生怕她逃跑或者畏罪自杀。

起初陈爱莲十分想不通，绝食过，抗争过。但时间久了，也就想通了，依旧是扳腿劈叉地练功。

就在陈爱莲被放出后三天，便立即被送往张家口劳动改造。这一去，又是三年。好在什么都没有耽搁，她依旧是日复一日勤奋练功。在她身上看不出太多急促和苦楚，一切平静如流水。因为她知道，终归有一天，她还是要跳舞的，即便不能站在舞台上，她还可以去当一名乡下宣传队的演员。

直到 1972 年回了城，以为一切都可以好起来了，没想到又被搁了起来。理由是"没有革命气质"。于是，无奈的陈爱莲独自摸索着学起了编导，学了不久便有模有样了。

之后的 80 年代，便是她的时代了。《红楼梦》、《文成公主》的排演，让她站上了古典舞的巅峰。第一个舞蹈专场，把几十年的工夫在舞台上尽情地施展。一路慷慨高歌，使她看上去锐不可当。

那是 80 年代的陈爱莲，生气勃勃，可以随心所欲地刻画着镜中人的模样，甚至拥有了推倒重来的热情和勇气。那时候的陈爱莲，也才逐渐明白另一个陈爱莲的全部意义。

十年，被吞没的时光，为再度登上舞台，她要付出多少？没人会去计算，甚至是她本人。到如今，陈爱莲自己最大的对手，不是时间，还是自己。一场舞跳完，她还会像年轻时一样，心情久久不能平静。等到大幕落下，一个人安静的时候，孤独铺天盖地而来。

从 12 岁学舞一直跳到 68 岁，陈爱莲的舞蹈生涯超过了半个世纪。2007 年，陈爱莲工作的一项重要安排就是准备她的舞蹈艺术 55 周年专场演出。为了这场演出，她已经筹划了一年多。

2006 年修改《红楼梦》时，陈爱莲想把长绸舞用到"黛玉葬花"中。她把长绸加长加宽，并且加厚了一层，这样甩起来花儿更多，但是很累，可是已经六十几岁的陈爱莲，依然选择了坚持。正是这种坚持成就了陈爱莲，最终使她名满天下。

一直有许多人不能理解,为什么陈爱莲到了"这把年纪"还如此留恋舞台,还要跳舞。她说,能够坚持到现在,不仅是要探索一番延长舞蹈演员的舞台生命的课题,更重要的是感恩。

因为陈爱莲是新中国成立后在孤儿院生活一年多考上的舞蹈科班,是中国古典舞第一个科班学员,当时上学一分钱都不要,是国家出钱培养了她。陈爱莲说,"校长曾告诉我们,要60个农民一年的劳动'养'着我们一个学生。在国家经济困难时期,别人都是每人每月半斤肉,而我们保持着每人每月五斤肉、五斤蛋、五斤糖和五斤豆的水准。"

因为感恩,陈爱莲选择坚持跳舞。除此之外,60岁的陈爱莲还依旧坚持跳舞,不仅为了证明自己确实还能跳,更重要的是,她想通过自己的事例告诉大家,舞蹈行业并不存在吃青春饭的问题。她实在不忍心看到,那些才刚刚三十出头的年轻人,因为这个偏见而自暴自弃,转行的转行,休息的休息。

这就是陈爱莲,她说:"使人衰老的不是岁月,而是理想和精神的失去……"为此,她践行着"生命不息,舞蹈不止"。她是一位中国舞坛神话般的人物,是一位中国舞坛的精灵。

逐梦箴言

每个人取得成功的方式都不同,但他们有一点是相同的,那就是他们都具备自信自强自立的精神,当遇到困难时他们绝不会低头。人生的道路,总是充满坎坷曲折,就像大海一样,有时风平浪静,有时掀起浪涛。我们必须以坚韧不拔的精神跟千万种困难搏斗,不向命运低头。

我的未来不是梦

知识链接

舞剧《红楼梦》

舞剧《红楼梦》改编自中国古典四大名著之一的《红楼梦》，全剧由序幕和两幕四场组成，以宝、黛、钗感情纠葛为主线，组合独舞、双人舞、三人舞、五人舞、群舞等多种形式，集中展现宝黛初会、刘姥姥进园、海棠诗社、黛玉葬花、婚礼惊变和宝黛重逢等场景，营造出如泣如诉、缠绵悱恻、群芳斗艳、生离死别的舞台意境。各舞段既独立成篇又交相辉映，全剧浑然一体。

奋飞的白天鹅——白淑湘

　　抗日战争前期,白淑湘出生在湖南省耒阳县,因为父亲是个官儿迷,常年在外活动,所以白淑湘很少见到父亲,只是在母亲的照顾下和姐姐们一起搬到沅水边的沅陵县。白淑湘在那里度过了抗日战争时期平凡的童年生活。

　　抗日战争结束后,父亲带了家中大部分钱财到南京政府去谋官职,结果却是耗尽了全部钱财终无结果,只得举家迁回祖籍辽宁,定居在沈阳。白淑湘在9岁的时候,已经在跻身于青年人中参加了唱歌和秧歌的活动。后因三姐参加了部队文工团,这影响了白淑湘,使她爱上了文艺工作这一行,终于在13岁时考入了"东北人艺儿童剧团",过上了集体生活。

　　1954年北京建立舞蹈学校,设立芭蕾学科,由各地有关部门选送考生到北京应试,并要从5000多名考生中挑选出60名学生。经过严格的选拔后,白淑湘被选中了,尽管绝大部分学生在那时候根本不知道什么是芭蕾,但是这次机遇把这一批学生推上了开拓中国芭蕾舞事业的道路。

　　当时学校对学生的管理是非常严格的,他们定制的教学计划是学生在八年的学习过程中,不但要掌握俄罗斯学派的芭蕾舞艺术,还必须学完普通中学的高中课程,而且要保证学好俄语,外加钢琴弹奏和掌握生理解剖知识。所以,舞蹈学校的学习生活是非常紧张的,全体学生都在努力学习。

　　其实在刚开始的时候,白淑湘在专业课方面的天赋并不是非常突出,

她身体的软度相对较差，只是体质好，非常坚强而且能吃苦，能够非常严格地按照老师的要求进行练习。

庞大运动量的训练从来不会使白淑湘退却，即使是训练得汗流浃背气喘吁吁了，往往在大家休息的时候，白淑湘依然在用足尖站立着，以此来增加足尖的力量，他的这种从难从严的刻苦精神常常得到老师的赞扬。

白淑湘不仅在学校的时候非常刻苦，她还会利用一切课余时间来锻炼。每年暑假的时候，舞蹈学校的学生都回到家乡度假，白淑湘回到家乡后，她并没有惦记着怎样游玩，而是担心在暑假期间自己的基本功会不会退步。

幸好在当时得到了辽宁人艺领导的大力支持，允许她在原单位和当年的小伙伴们在一起进行练习。因此，每次在暑假之后，白淑湘的技术不仅没有生疏，而且有了较高的提升。几年之间，她的业务课和文化课成绩都名列前茅。

不久，学生要进行分科，分为芭蕾舞和民族舞两个专业，这两科的老师都非常希望白淑湘能够分在自己的班级，由此可见在这几年中，白淑湘通过自己的坚持和努力，已经引起了老师的高度重视。

1958 年时，文艺舞台节目非常丰富，舞蹈学校决定要把世界著名芭蕾舞剧《天鹅湖》引进中国的舞台上来，为此请来了苏联的芭蕾舞编导专家古雪夫，这是一位具有慧眼的导演，为了能够在短期内完成这个艰巨的任务，他精心地从学生中挑选出一位能够兼演白天鹅和黑天鹅两个主要角色的演员。

刚开始的时候，古雪夫认为白淑湘的身材不够纤秀，为人也过分古板，并不是一个非常理想的人选。然而不久之后，他就发现了这位 17 岁的小姑娘有着惊人的毅力，而且动作也具有爆发力。是一个能够经得起艰苦排练、能够摔打出来的好材料。于是，最终选择了白淑湘。

这是中国第一次排练大型芭蕾舞剧，白淑湘知道自己饰演的是中国第一个白天鹅和黑天鹅的形象，她暗下决心一定要为中国芭蕾事业争一口气，并以她强烈的事业心去克服自己的不利条件。

在排练的过程中,她除了要学会两个角色在各场的全部动作,还要准确地做好象征白天鹅的主要造型"第一阿拉贝斯克",她要以双臂动作模拟天鹅展翅,来表现高尚、忠贞的奥杰塔被恶魔幻化为白天鹅后游弋在湖中优美的姿态。而且,还要以矫健奔放的动作来表现黑天鹅别具一格诡异的诱惑力。

为此,白淑湘必须要克服一个难度极大的动作Fouette,这是一个原地单腿旋转32圈的动作。这个动作是各国芭蕾舞团考核主要演员时的重点项目。白淑湘为了攻克这个技术,不但尽全力苦练,而且还想方设法巧练。

她把椅子搬到练功房围成圆圈,自己在圆圈中练习,希望凭借椅子围成的区域,对自己定点旋转的位置在感觉上可以有个限制。在她练习的几个月中,她已经记不清有多少次摔倒在椅子上了,更不知道有多少次甩腿磕碰在椅子上。经常腿上青一块紫一块的还没有消失呢,新的伤痕又出现了。

足尖练的又肿又疼,都出血了,穿破了不知道多少双舞鞋。随着破掉的舞鞋不断增加,腿上的伤痕不断增加,白淑湘原地单腿旋转的技巧也越来越高了。虽然演出时受音乐旋律的限制,规范动作需要32圈,但是白淑湘对这个技术却增加了很大的保险系数。她在平时的练习中,能够稳稳当当地转上六、七十圈,这为她主演《天鹅湖》攻克了一道通向胜利的难关。

大型芭蕾舞剧《天鹅湖》公演后,得到了所有观赏者的一致好评。主演白淑湘终于克服了重重难关,取得了突出的成绩,不负众望地放射出引人注目的光彩。她也因此受到了文艺界的关注,被称为"中国第一只天鹅"。这标志着我国起步不久的芭蕾舞艺术达到了一定的水平。

白淑湘的舞蹈不仅得到了观众的认可,还得到了周总理的认可。1963年11月,周总理建议编一个革命题材的剧目,于是决定排演《红色娘子军》。

这个题材带有传奇性,大家都认为白淑湘具有中国妇女刚强的气质,便选择她来饰演吴琼花。白淑湘和工作人员组成的创作组放弃了春节,在

两个多月的时间里到了广州,并且到了海南岛,深入生活,遍访当年娘子军和老赤卫队员。

白淑湘非常认真地向革命前辈请教,从他们的回忆中汲取政治营养和创作素材。待回京后紧张地进行排练,才两个月的时间,就排出了大型芭蕾舞剧《红色娘子军》。白淑湘精心地处理了重要细节中的动作和情感表现,尽可能地以精确的舞蹈语汇来表现主题思想。

后来又接受了陈毅元帅的意见,全体演职员打起背包深入到连队,得到了一个月的部队生活的严格锻炼。这次经历使得舞台面貌焕然一新,出现了一只朝气蓬勃、英姿飒爽的娘子军。并最终受到了周总理的肯定和赞赏。

白淑湘是美丽的天鹅,这个魅力无限的天鹅在她的舞蹈生涯中,即便是遇到"文革"的迫害,也没有放弃,而是依然坚定信念,奋力翱翔于天空。

逐梦箴言

自己的命运是攥在自己手中的,而这其中的好坏是决定在"每天"上的,有的人善于利用每天的时间,每天多花点时间充实自己,每天多挤出点时间调整自己的不足。我们的生命是由"每天"组成的,我们的人生也是由"每天"编织起来的。所以我们不能浪费了每一天的时间,白淑湘就是因为每天都坚持练功,连暑假的时间每天都在坚持训练,才会有后来的成功。把握好每天的时间,安排好每一天的学习和工作,这是非常重要的。

知识链接

古雪夫

彼·安·古雪夫是前苏联芭蕾艺术大师,尤以双人舞见长,20~40年代与蒙加罗娃、维切斯洛娃和列别辛斯卡娅等人的出色的合作,给他带来"托举之王"的美名。退出舞台后,他从事古典芭蕾教学和编导工作,所编舞剧《七美人》曾获得很高的评价。长期的舞台实践加上惊人的视觉记忆,使他有可能基本无误地恢复重排彼季帕、伊凡诺夫和福金等人的经典名作。

■ 20 世纪的"玄奘"——张均

张均出生在湖北省的一个知识分子家庭,父亲喜好写诗,母亲倾心于绘画,艺术气息浓郁的家庭使年幼的张均就特别喜欢唱歌跳舞,而且是非常着迷。两岁多的时候随着父母一起到了重庆,并常常跟着父母登台演戏,经常扮演一个惹人喜爱的娃娃。

1950 年,张均在上海读中学时,就已经是学校的歌舞小明星了。正巧赶上进驻上海的新安旅行团招生,张均非常幸运地考上了,高兴之余,她却感到了苦恼。不为别的,正因为这时候她突然发现自己天生的舞蹈条件并不是非常好。

腰和腿都不软,胯也打不开,别人下腰时手和脚的距离只有二三寸,而她却相差有一尺多呢。别人劈叉时,双腿贴地,一条线笔直笔直的,而她双手扶着地不说,拼命地往下压却怎么也压不下去。急得张均常常在被窝里偷偷地哭泣。

那时候还并不懂得"天才就是勤奋"这样的名言,可是这个性格倔强的小女孩,在舞蹈艺术的海洋中,驾着自己的"苦舟"奋力向彼岸勇敢地划去。

她常苦苦地请求舞蹈老师,能够帮助她让她"笨鸟先飞",老师看着张均着急的样子,被她不怕苦的拼劲感动了,于是答应她每天早晨三点钟就起床帮她练"早功"。

在张均的枕头旁边放了一个小闹钟,这个小闹钟成了她当时非常心

爱的小伙伴。有一次，张均的这个小伙伴还没来得及叫她起床呢，张均自己就醒来了。于是蹑手蹑脚地找到了老师的房门，把老师叫醒。

就像往常一样，在练功房练习"早功"。下腰，拿顶，压腿，劈叉……练了很久很久，练到浑身都被汗水浸湿了，可是老师却奇怪了。怎么练了这么久，天都没亮呢。两人看了表才知道，原来是张均睡醒后迷迷糊糊也没看清楚，错把长针当短针了，以至半夜十二点十五分的时候就起来开始练"早功"了！

功夫不负有心人，通过这一个阶段的苦练，无论是她的腿还是腰的软度，都已经非常好了，胯的开度也终于达到了相当的水平。这一阶段练就的基本功，为她日后成为优秀舞蹈家打下了非常坚实的基础。

1951年，新安旅行团的领导们经过研究，决定选派少先队小队长张均到苏联黑海之滨参加国际少先队夏令营活动。而这一光荣使命，在张均的舞蹈艺术生涯中，成为了非常重要的一件事。

在老一辈艺术家和领导的关心指导下，她开始为了联欢会准备舞蹈创作和排练。为了这一排练，她常常在夜深人静的时候，一个人在排练室里，一边苦思冥想，一边跳着，还一边画场记。最后，终于编排了《剑舞》、《花鼓舞》等五六个节目。经审查，通过了。她品尝到了第一次舞蹈创作给她带来的甜蜜。

在苏联黑海之滨的各种舞台上，张均参加编排和表演的《剑舞》等节目，受到了各国朋友的赞扬和欢迎。苏联的辅导员和少先队员跑到台上热烈地拥抱了她，竖起大拇指说了好多话，虽然张均一句也没听懂，但心领神会。

1955年，张均被送到了北京舞蹈学校去学习深造，戴爱莲校长用她那伯乐的慧眼，看出了张均在东方舞蹈方面是非常有发展前途的。于是，只要一有学习的机会，她就会推荐张均去学习。

这期间，张均得到了跟随印度著名舞蹈家乌黛香卡学习的好机会，她认真刻苦地学习了《拍球舞》，乌黛香卡非常佩服张均学习印度舞时那股刻苦用心的劲儿，并且夸她学得快、学得好、学得有韵味。

乌黛香卡舞蹈团在广州的某场表演中，当帷幕慢慢拉开后，随着轻快、悠扬的旋律，一个天真、活泼、美丽的印度少女垂着一条乌黑的发辫，拍击着球，迈着轻盈的舞步，在观众面前翩翩起舞。她那富有印度舞蹈韵律美的舞姿，深深地打动了观众的心，爆发出阵阵掌声。

然而观众却不知道，这位表演《拍球舞》的印度舞蹈家，却是年仅21岁的北京舞蹈学校东方舞班的张均。印度舞蹈家们挤在侧幕条看她的表演，给予了很高的评价。但是张俊并没有满足于首场表演的成功，而是越跳越精美。

从此《拍球舞》成了她表演的主要代表作之一。这一次成功，并不是一蹴而就的，张均为了学好印度舞，跺出印度舞复杂的节奏点子，她光着脚丫，在地板上甚至是砖头上使劲跺呀、跺呀，一练就是好几个小时，练到脚掌都红肿了，皮肉都绽开了，有鲜血渗出来了，每走一步，疼痛就会使得她额头上汗珠直冒。

可是张均一声不哼，忍着疼痛，咬牙继续练习，直到脚板终于跺出了一层厚厚的茧子来，也确实跺出了浓浓的印度舞韵味。

印度舞对张均来说是有一定意义的，张均不仅在练习印度舞时有刻苦的训练精神，同时，她曾八次到印度学习印度舞，颇有唐玄奘西天取经的精神。

80年代，张均听说文化部有两个去印度留学的名额，于是她按捺不住求学的心情，深夜时奋笔疾书给文化部长写了一封诚挚动人的信，毛遂自荐，表述了埋藏在心中的愿望，并列举了能够完成学习任务的有利条件。

经过张均的举例说明，领导同意了，并在文化部领导的支持和关心下，张均和舞蹈学院的刘友兰，踏上了去"西天取经"的征程。

有很多人都难以现象到印度去学习跳舞是一件多么艰苦的事情，尤其是对年龄已经40多岁的张均和刘友兰来说，这一次学习，简直就是在"拼命"啊！

然而张均深深地知道学习时间的宝贵，这对于她来说，是对她艺术生

命的长河里注入的一滴滴水，比金子还要金贵着呢！所以，她们先到达帕纳艺术学院学习，每天学习练舞蹈长达十六七个小时。

往往在静悄悄的深夜里，还能在她们住宿的小屋中，听到噼噼啪啪脚掌击地的节拍声。到了盛暑季节，在48度的高温中，就是静静地坐一会儿也要出一身汗的，更何况，她们俩要跳上十几个小时呢！

每一天身体都像是泡在水里一样，脚板长出了一层又一层的血痂，练得浑身疼痛就像要散架了一样。张均不知道有多少次倒在床上不想再爬起来，但是每一次都是"拼搏"的意识使她重新斗志昂扬精神抖擞。

通过三个半月的时间，他们就学完了婆罗多、库契普迪、墨赫尼亚特姆三大派古典舞，并通过了考试，领取到了毕业文凭。

院长感慨地说，"婆罗多艺术是很难学的，一般情况下，学习这种舞需要六年时间才能完全掌握和精通，她们这三个半月等于六年！她们创造了奇迹。"

在接下来的时光中，她俩用了五个月时间学习了卡达克、曼丽普莉、奥迪西三大派舞蹈。在她们到印度学习的九个月时光，取到了印度古典舞六大派的一卷卷的"真经"，获得了印度"戏剧艺术光荣学位"，赢得了印度艺术界、新闻界极高的评价。

张均不仅取回了"真经"，并且立志在国内进行"传经"。她"传经"的喜讯吸引了不少演员，印度班很快由几个学员发展到了30余人，渐渐地得到了舞蹈界人士的一致好评！张均决心要为东方舞蹈事业的发展培养年轻的人，要毫无保留地把自己学到的东方各国的舞蹈传授给大家，希望大家可以超越自己，使东方舞的艺术生命，一代一代永远延续下去。

这就是张均，一朵东方歌舞的花朵，大家也称赞她为"心灵美的东方舞人"！

逐梦箴言

西天取经离不开唐僧矢志不渝的信念和坚强，张均不正是这样吗！如果没有她不取真经永不放弃的坚定信念，势必半途而废，无功而返。不仅如此，张均还是一个坚强而又善于丰富自己的人，在她达到目标的途中，无论什么样的困难，都打不倒她。她通过自己的努力奋斗，通过自己的不懈追求，最终成为著名舞蹈家。

知识链接

"西天取经"

《西游记》中的"西天取经"：《西游记》是中国古典四大名著之一，由明代小说家吴承恩编撰而成。此书描写的是孙悟空、猪八戒、沙和尚保护唐僧西天取经、历经九九八十一难的传奇历险故事。

历史中的"西天取经"：西天是指印度，因为古代交通不发达，人们以为印度已经是天的西边了。唐僧取经是历史上一件真实的事。大约距今 1300 多年前，即唐太宗贞观三年（629年），年仅 29 岁的青年和尚玄奘带领一个弟子离开京城长安，到天竺（印度）游学。他从长安出发后，途经中亚、阿富汗、巴基斯坦。过高昌国时，那里的居民非常推崇佛教，国王见他们是从大唐来的和尚，非常高兴，愿封他们为护国法师，加上黄金百两、骏马千匹。弟子动摇了，最后留在了高昌国，而玄奘却偷偷溜了出来向西逃去。不料被高昌国士兵截住。没想到他们是前来护送玄奘西去取经的。士兵送给玄奘一匹白马和一些文书，玄奘感激不已。他向王宫方向拜了几拜，就骑马西去了。玄奘历尽艰难险阻，最后到达了印度。他在那里学习了两年多，并在一次大型佛教经学辩论会中任主讲，受到了赞誉，并从天竺带回诸多经书，为中国的佛教发展做出贡献。

我的未来不是梦

◎ 智慧心语 ◎

1. 恢弘志士之气，不宜妄自菲薄。

——诸葛亮《出师表》

2. 一个最困苦、最卑贱、最为命运所屈辱的人，只要还抱有希望，便无所恐惧。

——莎士比亚

3. 朝着一定目标走去是"志"，一鼓作气中途绝不停止是"气"，两者合起来就是"志气"。一切事业的成败都取决于此。

——卡耐基

第六章

外国著名舞蹈家

◎导读◎

　　他们是国外著名的舞蹈家,他们是优秀的舞者。我们可以从他们身上学习到很多精神。在艺术面前,没有国界,没有限制,每个人身上都有值得别人学习的闪光点。我们从众多国外的著名舞蹈家中选择四位,在他们的故事中,学习一下他们的奋斗精神。

■ 追求完美的精神——乌兰诺娃

乌兰诺娃是一位天才芭蕾舞演员。她把一生都献给了芭蕾舞事业,创造了后人无法比拟、难以超越的辉煌。她创造的芭蕾舞经典剧目后人至今仍然难以超越,"乌兰诺娃"的名字那些对芭蕾舞一无所知的人也知晓。

刚毕业的乌兰诺娃成为基洛夫剧院的独舞演员,她的舞技逐渐精湛,同时也渐渐开始声名远扬。但一向追求完美的乌兰诺娃并没有陶醉在这一片赞扬声中,而依旧是刻苦练功,潜心钻研。

在艺术上,乌兰诺娃既尊重古典芭蕾的语言,又不断探索,寻求新的表现方法。她剔除了古典舞蹈程式化的糟粕,最大限度地发挥其美学价值,着力表现主人公复杂的心理活动。她对自己的艺术创作从来都是持批评态度,永远对自己不满足,一直在追求着她心中的完美。

正是因为乌兰诺娃的这种追求完美的精神,才使她走向了艺术的巅峰。但即使已经成功,她也非常冷静,会要求自己更严格地训练,完善每一个技术和艺术动作。无论演出还是排练,都不肯轻易放过任何一个细节。她也从不漏过任何一场排练,而且总是一丝不苟地练习。每次排练结束时,她的毛巾都会浸透汗水,变为水淋淋的抹布。

有一次,乌兰诺娃排练时有一个动作总是做不好,她低着头对自己说:"不行了,今天太累了,明天再说。"

可是过了一会儿,她又跟导演说:"再试一下,最后一次!"结果,又失败了。她坐在地上,对自己说:"我实在支持不住了,腿都不听使唤了。"

可是在休息片刻后,她又站起来说:"再来一次,最后一次。"结果还是失败了。

不知又经过多少最后一次,最后,她终于成功了,而时间已经是午夜12点了。

在乌兰诺娃的艺术生涯中,有多少个最后一次谁也说不准。但为了使自己的技艺达到炉火纯青的程度,她付出了别人难以想象的代价。

还有一次,合乐排练的时候,指挥想让她跳得轻松一些,于是将乐队的伴奏稍稍放慢了点。乌兰诺娃发现后,立刻提出:"为什么要放慢速度?请按照乐谱演奏。"

乌兰诺娃常说:"我在表演同一造型设计的时候,从来没有想过这是第30次或第40次的演出。对我来说,每一场演出都是一场全新的演出。"

有一年春天,舞剧编导告诉乌兰诺娃将要排练舞剧《灰姑娘》。乌兰诺娃非常高兴,因为她一直都希望可以扮演这个新的角色。可是后来编导又通知说,领导决定让另一名演员来饰演女主角,由乌兰诺娃来担任替补。

乌兰诺娃听后没有表现出难过、不开心,而是十分冷静地接受了这个决定,并且依旧尽她最大的努力琢磨和设计自己的角色。在合乐排练时,人们看到,乌兰诺娃表演的灰姑娘是那么引人入胜!

乌兰诺娃除了对舞蹈动作追求完美,她还追求造型的完美,努力使造型成为自己的第二天性,乌兰诺娃说:"在我的一生中始终如此,在每一次的演出中总是要事先想到要做某些动作,动作愈困难,也就要花更多的精力,要想到,现在该做这些动作了。朱丽叶那一个角色虽然已饰演了第500次,但我仍需要准备第一幕及第三幕中几个慢步舞的最复杂的舞步。"

自古以来人们都认为,舞蹈演员的使命不言而喻就是跳舞,然而乌兰诺娃用自己的艺术实践推翻了这种偏见。

也正是因为乌兰诺娃追求完美的精神,才使得她的舞蹈技艺越来越精湛,也越来越完美。她以其丰富的表现力体现了人物的情感和思想,揭示出崇高的精神世界,因此她所塑造的人物有血有肉,神形兼备,具有极强的感染力。

　　乌兰诺娃不是在舞台上跳舞,她完全生活在艺术领域之中,生活在不同的角色生命之中。她的思想纯真得如同水晶,她将自己的事业和生命融为一体,将一个完美的芭蕾舞演员展现在观众面前。

逐梦箴言

　　追求完美的方式有很多,然而在每个人心中对于完美的定义也有所不同的。有些人认为达到一个目标就是一个完美的表现,有些人认为无论做什么事只要做到最好就是完美的表现。然而,乌兰诺娃所呈现出的追求完美,不单单是字面上的完美,她对自己要求非常严格。任何一件值得做的事,都值得去做好;而任何值得做好的事,都值得做得尽善尽美。

知识链接

基洛夫剧院

　　马林斯基剧院的旧称(从 1920 年至 1935 年旧称国家歌剧和芭蕾舞艺术院,从 1935 年至 1992 年旧称基洛夫剧院),位于俄罗斯圣彼得堡的一个历史性的歌剧和芭蕾舞剧院。从 1988 年开始该剧院的指导是瓦列里·格吉耶夫,此前是尤里·特米尔卡诺夫。

我的未来不是梦

■ 具有独创精神的舞蹈大师——摩斯·肯宁汉

摩斯·肯宁汉是美国著名现代舞蹈家、编导家,新先锋派现代舞蹈的创始人之一。1919 年他出生于华盛顿州的塞塔利亚的一个殷实世家,有着"爱尔兰－斯拉夫"的混合血统。塞塔利亚旧称"中心城",在那个平静的小城镇,肯宁汉度过了一个美国式的童年。

他跟当地的一位舞师学过舞,并曾在乡间巡回演出团中跑过龙套。中学毕业后,肯宁汉追随其兄长去了华盛顿,就读于华盛顿大学,可不久他还是决计要献身于戏剧艺术,便改赴西雅图进入由科什尼创办的科什尼艺术学校。

1939 年,他应邀加入"玛莎·格莱姆舞团"任独舞演员,并在格莱姆名作《致世界书》和《阿帕拉契亚之春》中饰演主角。

叛逆,构成了一种美国现代舞发展的秩序,摩斯·肯宁汉在玛莎的舞团中,曾以飞快的速度,惊人的弹跳,诠释角色的幽默生动而著称。在此期间,他开始对将艺术大家"神"化的做法不满,并对与众不同的创作方式进行了有效的尝试。他的主要改革表现在编舞过程中。

他代表的是一种中庸而又前卫的态度,不是彻底地否定、抛弃传统,包括现代舞的传统。他的举动打破了美国 40 年代以前现代舞界封闭的状态。他吸收了玛莎技术中具有生动表现力的上身和芭蕾灵活的下肢,并在中国的《易经》和占卜中找到了出路。他利用摇签落地的方式创造了"机遇编舞法"。

　　1951年,音乐家克里斯琴·沃尔夫给了肯宁汉一本英译本的《易经》。肯宁汉在《易经》中顿悟,"易者,变也。天地万物之情见"。这成了他创作中的新的舞蹈思想。作为连接古典现代舞与后现代舞的形式主义者,肯宁汉以某种民主艺术的思想回归到纯舞的王国之中。

　　生活化、自然化的动作出现在舞台上,动作的连接听任某种偶然性,超越了"起承转合"的限定;视觉空间的民主化,舞台空间会出现多个舞动的兴奋视点,不存在谁是主角,每个舞者每段动作都是独立的。

　　肯宁汉的这种尝试激活了单调、规整的视觉习惯,观众有权利自己选择观看的焦点。正如舞蹈史学家们和美学家们认为的"西方剧场舞蹈史直到肯宁汉的时代,才算真正回归了以动作为本的舞蹈自律美学的范畴。"

　　与1960年代绝大多数的舞蹈风格正好相反,与传统的芭蕾和现代舞大相径庭的是,他反对用舞蹈表现"角色"的心理活动,反对夸大舞蹈家个性对观众和艺术合作者们的影响,反对在音乐或情节基础上编排舞蹈。

　　肯宁汉不用舞蹈来表达情感,他的舞作是纯舞蹈,不叙述故事,也不打算传统式地感动观众。他自己常说"你看到什么,他就是什么",他不要你在动作后寻找其他情感意义。

　　肯宁汉的舞作给人一种疏离感、不人性的,即使舞者动作快速流畅地游走于空间,但却不令人兴奋,反而是孤寂的感觉。

　　他主张"舞蹈就是舞蹈"、"为动作而动作",主张"舞蹈家与观众和艺术合作者们相互尊重、相互独立,主张舞蹈讲自己的话,表现动作本身包含的戏剧性。这最终导致了他在1945年与老师的分道扬镳。

　　肯宁汉独立后,创作个性日益鲜明,以此开了新先锋派舞蹈之先河,并被当之无愧地誉为"新先锋派舞蹈之父"。

　　所谓"新先锋派"舞蹈,就是在创作思想和方法上,决不因循守旧。在与传统舞蹈的关系上,比现代舞创始者们走得更远。因此,它在创业初期,除了引起少数思想解放、感觉敏锐的编导家、表演家和批评家的重视与共鸣之外,大多数人都持不以为然的态度。演出也只能在一些小型剧场中进行。

我的未来不是梦

肯宁汉的舞蹈既无情节，又无传统概念的主题与结构，更无什么感情表现，而着力去追求一种摆脱了音乐、文学的"纯"舞蹈。因此，他作品中的音乐、布景、灯光和其他一切都是各自独立的，而彼此间唯一的共同之处，便是同时发生的。这样，观众就可对此分别加以体验和理解。

为了保证自己作品中的独特运动方式得到准确的表现，他逐渐完善起一套舞蹈训练体系来，其主要特点就是下半身是芭蕾，而上半身是脊骨在前后、左右、旋转运动。这是因为他在系统学习了古典芭蕾舞和古典现代舞技巧之后，深深感觉到其中的科学性和训练价值。

这就造成了这样一个既相互矛盾又真正存在的现实。肯宁汉对传统舞蹈的背叛主要表现在创作思想和方法上，而对传统舞蹈的继承则主要表现在基本训练上。由于他的这种相互矛盾的状况，许多观众最初往往是来剧场欣赏他训练有素的演员的。

由于肯宁汉强调演员个性的发挥。因此在"纯碎"的动作中，演员可注入自己当时的感情或情调以及较为夸张地表演动作本身的戏剧性。他的这种编导新思想和方法引起了创作与表演上的多方面改革。

如果演员的身体不必继续某种既定的舞句、舞姿、准备活动和完成方式，那么，任何动作的最终结果都可看成是舞蹈。如果舞句、舞段中的任何部分都可加以强调，那么，任何演员都可变得举足轻重，舞台上的任何部分都可变成生机勃勃的舞蹈区了。

因此，他的作品中表演空间非常自由，甚至不受舞台限制，常常是演员上台或下台的地方也被利用上，更可从观众席中把某件物品搬上台作道具。他的作品在传统的舞蹈观众看来，也许可以算是没有什么高难技巧，常有些类似生活中的跑、跳、走的动作，但随着时间的推移，人们开始意识到，这只不过是他与众不同的追求罢了。

肯宁汉还运用计算机编舞，着眼于用录像技术呈现舞蹈的三维画面。许多纯舞作品，例如《空间点》，动作都有着清澄、透明的质地，传送着单纯动作的快感和运动时瞬间的情感刺激。肯宁汉使舞蹈与其他艺术达成独立、平等的关系，不是满足于完成、重复既定环境的安排和表演，而是接受

了创作、演出动作时,各种可能的偶然性和新鲜感。肯宁汉的技术体系和机遇编舞法为整个欧美现代舞界培养了大批有用之才,对于整个后现代舞的兴起、发展具有深远的意义。"易"的精神也开启了新一代舞者随心所舞的欲念。

几十年的实践证明,肯宁汉和他艺术思想及艺术方法的确给世界舞蹈界带来了新的冲击和生气,因此迄今他已获得了欧美舞蹈乃至艺术界几乎所有的大奖。

逐梦箴言

创造性思维越来越受到重视,对于每个人来说,在日常生活、工作、学习中,创造性思维越来越发挥着其重要的作用。创造性思维的独创性与风险性特征赋予了它敢于探索和创新的精神。在这种精神的支配下,我们才会不满足于已经拥有的知识和经验,并且,正因为有了创造性思维,我们才能更好地进行开拓性的实践,肯宁汉就是拥有这种精神,才得以使自己更加优秀。

知识链接

《易经》

《易经》也称《周易》或《易》,是中国传统思想文化中自然哲学与伦理实践的根源,是中国最古老的占卜术原著,对中国文化产生了巨大的影响。据说是由伏羲氏与周文王(姬昌)根据《河图》、《洛书》演绎并加以总结概括而来(同时产生了易经八卦图),是华夏五千年智慧与文化的结晶,被誉为"群经之首,大道之源"。在古代是帝王之学,政治家、军事家、商家的必修之术。从本质上来讲,《易经》是一本关于"卜筮"之书。"卜筮"就是对未来事态的发展进行预测,而《易经》便是总结这些预测的规律理论的书。

我的未来不是梦

■ 崇尚自由的舞者——伊莎多拉·邓肯

　　她是现代舞的创始人，是世界上第一位披头赤脚在舞台上表演的艺术家，她一生追求自由，生平传奇而引人争议。她的舞蹈风格即兴而自由，线条流畅又奔放热情，深受希腊古典雕刻的影响。她就是美国著名的舞蹈家伊莎多拉·邓肯，一个传奇的女人。

　　邓肯出生于圣弗朗西斯科。在她出生的时候，父母已经离婚了，母亲带着她和两个哥哥一个姐姐一起生活。在这样的单亲家庭中，小时候的她生活贫寒，经常搬家。母亲是音乐教师，给了她良好的音乐教育，并培养了她的舞蹈志趣。

　　邓肯似乎是从刚生下来的时候，就开始手舞足蹈了。母亲为此不由得开心大叫："我没说错吧，这孩子是个疯子。"后来，邓肯就成了给全家和朋友们带来欢乐的对象了。大人们经常将她放在桌子上，然后演奏音乐曲子，于是，小邓肯就穿着漂亮的衣服站在桌子上随着音乐而舞蹈起来。

　　在邓肯六岁的时候，有一天她召集了六七个街坊邻居的小孩子，邓肯让他们坐在她面前的地板上，教他们挥动手臂。母亲见到后就问邓肯这是在干嘛，邓肯眨着眼睛自豪地说这是自己办的舞蹈学校。

　　母亲觉得非常有趣，就坐在钢琴面前为她弹奏乐曲。后来，邓肯的"舞蹈学校"竟真的办了下去，并且非常受欢迎。邻居的小姑娘们都来跟邓肯学习舞蹈。而且有些父母还要给邓肯一点儿钱，让她来好好教教他们的孩子。于是，邓肯成了世界上年龄最小的"舞蹈老师"！

邓肯是一个没有受过专业舞蹈训练的舞蹈大师，天生就拥有着为舞蹈而生的思想。邓肯出生在芭蕾舞盛行的年代，然而她却非常痛恨芭蕾舞的严格定律，认为那样的和谐是不自然的。

有一次，母亲好不容易凑够了一笔钱，可以把邓肯送到一个著名的舞蹈教师那里去学习。可谁知道，邓肯只学了三次就再也没去过。她非常认真地告诉母亲，老师教的舞蹈在她看来全是些没有生气的柔软体操，和自己理想中的舞蹈完全不一样。

母亲听后，不仅没有责备邓肯，反而对她说："如果你认为自己的舞蹈才可以真正地表现自己，那么就勇敢地去跳自己的舞蹈吧。女儿，自由地表现艺术的真理，才是生活的真理。"

母亲一直关爱和支持着邓肯，给了她一个充分自由的空间，让邓肯学会真正地生活，勇敢地追求艺术。邓肯的艺术追求和审美旨趣无疑受到了母亲巨大的影响。邓肯的舞蹈思想，刚好在舞蹈艺术最需要转变的时候出现。所以她的舞蹈是革命性的，与一直统治着西方舞坛的芭蕾舞大相径庭，充满了新鲜的创意。因此，在她追求自己独特舞蹈艺术的路途中，所经历的艰辛也是可想而知的。

14 岁时，邓肯随母亲一起来到芝加哥，她本以为能靠舞蹈让母亲吃饱肚子，但现实却沉重地打击了她：没有一个剧院经理愿意接受她那"怪异"的舞姿。母女俩饿极了，邓肯只得在屋顶花园跳"刺激性"的舞蹈赚取微薄的工资勉强度日。

21 岁时，邓肯被迫去英国谋生，在不列颠博物馆潜心研究了古希腊艺术。她从古代雕塑、绘画中找到了她认为理想的舞蹈表现方式：身着长衫，赤脚，动作酷似树木摇曳或海浪翻腾。她从古典音乐中汲取灵感，追求"可以通过人体动作神圣地表现人类精神"的舞蹈。

但其实当时的美国观众并不欣赏她的这种貌似无技术的"自由舞"，而只是一味地倾心于古典芭蕾。这使她不得不去英国和法国碰运气，但结果并不理想，原因除了那里（特别是法国）有着深厚的古典芭蕾基础外，还由于西欧舞蹈剧场的观众普遍比较保守。

邓肯真正的成功之路始于中欧的匈牙利首都布达佩斯，随后她的舞步才遍及欧洲各大城市。她那灵魂与肉体高度的统一、身心沐浴在自由阳光之下的舞蹈在观众心中卷起了一阵激情和波澜。

她认为：技巧会玷污人体的自然美，动作来源于自我感觉，舞蹈应该自始至终都表现生命。因此，她在伦敦的表演，放弃了传统服装，改穿宽松裙袍，赤双足，自由摆动，既看不见女体的曲线，也省去了芭蕾舞鞋引带的婀娜，使观众耳目为之一新。她像森林女神一样，薄纱轻衫、赤脚起舞的形象，在整个欧洲受到人们的欢迎。

终于在 20 世纪初的欧美舞台上，这个身披薄如蝉翼的舞衣、赤脚跳舞的舞蹈家引起了极大的轰动。作为一个舞蹈家，她获得了成功。她成为美国现代舞蹈的奠基人，并以自己创办的舞蹈学校，传播推广了她的舞蹈思想和舞蹈动作，影响了世界舞蹈的发展进程。

邓肯凭着对舞蹈的意念、对原创性与自由的要求，以独创一格的舞蹈，结合后来女性主义者强调的个人表达和妇女主张的社会责任于一身。邓肯认为女人是万物之精华，是大地之母，她赞叹女人身体的精妙，为此创造了无与伦比的优雅的舞蹈，并找到了人体与音乐的最佳结合形式，成为现代舞蹈之母。

实际上，大自然的确是她最初的舞蹈老师。邓肯在自己的传记里曾再三提到，她最初的舞蹈灵感和冲动来自那奔腾不息的大海、微微颤动的鲜花、翩翩飞舞的蜜蜂和展翅翱翔的鸽子；在她的眼中，自然界一切都在舞蹈，而且远比人类自由舒畅得多。

母亲对邓肯的影响不仅仅是在对艺术的追求上，在面对生活上，邓肯也受到了母亲巨大的影响。邓肯的母亲对物质生活毫不计较，她教育孩子们要看淡身外之物。正是受母亲追求美好和不甘平庸的精神影响才使邓肯成为了一位伟大的艺术家。

无论是当时舞蹈界的狂轰滥炸或是一些人的强烈反对都不曾动摇过邓肯追求自己独特舞蹈艺术的决心。她以颠覆传统的美丽为荣；她以穿着怪异为傲，她从不停下改变世界的脚步，她决不认为自己是富人消愁解闷

的工具。伊莎多拉·邓肯一生出演近百场，每一场都报酬不菲，她却分文不取，全部捐给各国红十字会。她自己只有一间简陋的工作室及其中简单的帘子、音乐和绘画。

而作为一个现代艺术舞蹈的领导者，邓肯是一个为理想在所不惜的人。1920年，应新成立的苏联政府邀请，邓肯在莫斯科创办舞蹈学校，并将国际歌创编成舞蹈，免费教育孩子。为了维持这所舞蹈学校，她负债累累，以至于连房间的火炉都烧不起。为了筹措办学经费，她在巴黎一台未付租金的打字机上撰写自传。1927年9月，邓肯在乘坐汽车时，因事故丧生，时年49岁。这时她的自传还没有完稿。

邓肯的舞蹈作品传世甚少，她的思想、言论散见在她的自传和后人的回忆录中。邓肯的舞蹈思想与舞蹈实践不仅为美国现代舞的创立铺平了道路，而且还从精神上推动了德国现代舞；她不仅开创了世界现代舞的先河，而且还在观念上影响过被誉为"现代芭蕾之父"的麦克尔·福金。邓肯毕生从事舞蹈改革与创新，对后来的舞蹈艺术发展有很大的影响。

逐梦箴言

　　心中满怀着崇高理想和追求的人，每天都能欣然地看到成功的大厦慢慢地拔地而起！邓肯就是一个为了追求自己的理想而奋斗不止的人。她为了理想，坚定信念，在所不惜。

知识链接

圣弗朗西斯科

　　旧金山，又称"圣弗朗西斯科"、"三藩市"。美国加利福尼亚州太平洋岸海港、工商业大城市。位于太平洋与圣弗朗西斯科湾之间的半岛北端，西班牙人建于1776年，1821年归墨西哥，1848年属美国。

我的未来不是梦

■ 辉煌的舞蹈人生——保罗·泰勒

　　作为美国现代舞第三代传人中最具魅力和人气者,保罗·泰勒的舞蹈作品与世界名曲联姻,用奇思妙想奔腾,时而轻盈自在得像生活,时而情绪激荡得像戏剧,流畅而富于变化,优美而充满张力。然而,作为现代舞一代宗师的保罗·泰勒,却是从一个舞蹈基础几乎为零的大学生成长起来的,谁也没想到这位在西拉库大学学习美术、业余爱好建筑和游泳的小伙子能够给舞蹈界带来这么巨大的影响。

　　保罗·泰勒出生在美国宾西法尼亚州,早年在华盛顿生活,后来在纽约开始了他的舞蹈生涯。1947 年,保罗·泰勒进入西拉库大学就读美术专业,1951 才开始接受正规舞蹈训练。后来,他跟随着玛莎·葛兰姆、荷西·李蒙学习现代舞。

　　每当保罗·泰勒被问起之前美术学习的经历对后来编舞有什么影响时,保罗·泰勒就会说:"我在编舞时,对舞者在舞台上的位置要求非常严格,他们的移位也要求非常挑剔,一定要有空间的布置,整个作品就像一幅画一样完美。"

　　并且许多人都不知道,保罗·泰勒不仅仅是位舞蹈家、创作舞蹈的大师,还是建房子的好手。在美国长岛一片丛林的深处,有一座小木屋,而这小木屋正是泰勒自己亲手建造的房子,他就生活在自己亲手建造的房子中。即使是现在,在泰勒的业余时间里,他对造房子还是津津乐道。

　　因为对于泰勒来说,"建房子给我灵感"。编舞就像建筑房子一样,方

法多变造不出两座完全一样的房子。在过去的几十年中,在他的舞蹈创作中,保罗·泰勒一直在创造着全新的方式。其诙谐的舞蹈涵盖许多层次,有的抒情优美,有的则动感十足,带给观众满足感。

自从 1955 年推出自己创作的第一个作品后,便一发不可收。从此,保罗·泰勒的舞蹈几十年来经受住了观众和评论家们的琢磨和挑剔,他本人被誉为现代舞带来了生命的"阳光"的大师。

泰勒所创办的保罗·泰勒舞团是世界上最优秀的舞团之一。他的男舞者被誉为"世界上最美的男子汉",女舞者被誉为"身心最健康的女孩子"。这是他和他的舞蹈团能够在世界范围广受欢迎的理由之一。

保罗·泰勒的舞蹈风格,紧贴当下社会主题,具有鲜明的大时代特征,不断影响着现代舞界的整体走向,《时代》周刊曾经赞誉他是现代舞界的统领者。即使是表现非常沉重的大时代主题时,他在作品中所流露出的也始终是一种乐观向上的态度。

《旧金山观察报》评价他的舞蹈动作激情荡漾,他的节奏抑扬顿挫,他的青春活力与乐观精神堪称纯粹的美国风格,而这一切为美国的舞蹈制订了标准。

保罗·泰勒曾经说过:"我舞蹈因为我快乐。"而他的作品则分毫不差地表露出这一内心世界,轻松而优美、诙谐不俗套、深刻却不另类的舞蹈风格,与人们平常所看到的现代舞截然不同。也因为这样的风格,香港城市当代舞团艺术总监曹诚渊先生评价保罗·泰勒为"舞蹈世界的周星驰"。

然而泰勒创作舞蹈是因为身不由己,他对自己创作舞蹈的原因是这样解释的:是因为相信它的能量与普世意义,是因为寂寞,为了与人沟通,以及跟人群保持疏远的距离,也是因为要解决现世生活面对的困难,同时为了让自己和别人了解自己。

这样既合情合理又矛盾相悖的解释,也恰恰解释了他与"舞蹈"数十年来如影随形的牵连。

保罗·泰勒不像有些舞蹈家那样把舞蹈当作一种狭隘的自我表现方式,他是用舞蹈来表现生活,反映生活的;生活中的一切,正面的、反面的,

令人高兴的、使人痛苦的,都给他以创作灵感。

他的创作灵感来自于自然界的水流,水中游动的鱼儿,天上飞的鸟儿,地上爬行的野兽,太空中的星球,人类生活中的婚礼、葬礼、银行门前排队等候存款的人们,为了消遣和看病而聚集在一起的人,飞机场、电梯里、牙诊所播放的音乐,甚至还有电吹风机、电话,等等。

总之,他的视野非常宽阔,思路也非常开放,甚至可以容纳整个大自然和人类社会。这也就难怪他的作品题材非常广泛,而形式又非常多样。

在保罗·泰勒追求舞蹈艺术的过程中,曾经发出一个令他的同行为之惊讶的呐喊:"打倒编舞术!"

乍一听,大家不能理解:泰勒作为一个舞蹈创作者、编舞者,为什么要自己打倒自己呢?可是经过仔细的分析,会发现,他之所以这么说也是有他自己的道理的。

这实际上是针对那种束缚演员的编舞手法而提出来的,提倡发挥演员的积极性和创造性,让演员放开手脚去跳舞。而编舞者将舞编得再好,最后总要由演员去跳。一个优秀的舞蹈作品,不仅需要一个优秀的编舞,而且同样离不开一个优秀的舞蹈表演者。

只有一个富有积极性和创造性的优秀舞蹈表演者,才可以更好地将编舞者的情绪和自己的情绪融合在舞蹈中,并将其以最完美的面貌呈现在观众面前。所以,一部成功的舞蹈作品,其首演者往往也是创作者之一。

舞蹈是一种形象艺术,编舞者们的构思、设想、蓝图在很大程度上是要靠演员的再创造去实现的。泰勒的"打倒编舞术",实际上就是要最大限度地发挥、挖掘舞蹈演员身上的潜力和创造性。

从这个角度上来说,他的呐喊,他的"打倒编舞术"也可以算作是一种编导的手法。在泰勒这种指导思想下培养出来的演员也确实不是一般的舞蹈者。他们的个性、技巧、风格得到淋漓尽致地发挥。

在表演的时候,他们能将个人的技巧和作品所要求的风格非常完美地融合在一起。

泰勒舞团的一个特点就是舞蹈者们的全身投入,他们在泰勒的带领

下，把跳舞看成是一种享受，是一件乐事。因此使观众也受到感染，使观看他们舞蹈的人们也得到一种享受和愉悦。

"保罗·泰勒现代舞团"的演出让人快乐、激昂和点燃希望的同时，也可以带来沉重的苦涩、哀伤的追思和历史的迷失。因为在他的舞蹈作品中，从来没有一个固定或单边的母题，内里满载着各种各样对立、隐晦、歧义的撞击。但是这又并非悲观或积极这样简单两个词就可以区别、可以随意界定，而是苦中作乐、刚中带柔、颓败中奋起、坚定里迷走，因为这是生活的本源、人性的本相，是没有人能幸免的挣扎和蜕变！

保罗·泰勒的舞蹈作品"在整个世界目睹之下，作为最具独创性和重要性者存活了下来"，他似乎在不受约束的现代舞和规范、严谨的芭蕾之间找到了共同语言，使这一对经常吵架的"兄弟"坐在一起。他的舞蹈取得了辉煌的成就，几十年来一直经得住观众和评论家的琢磨和挑剔，为舞蹈事业做出了巨大的贡献。

逐梦箴言

保罗·泰勒认为"现代舞蹈是一张特许证"，这张特许证所给予舞蹈家的自由度，能够让他无拘无束地去做他认为有价值的事情。现代舞蹈与保守舞蹈在艺术创造中的最大区别就是"有无边界的创造"。保罗·泰勒的认识应该给予我们对于舞蹈的启发。同时，这也给予我们生活上的莫大启发。生活同舞蹈一样，也同样该有些"无边界的创造"。

知识链接

《时代》周刊

《时代》周刊是美国影响最大的新闻周刊，有世界"史库"之称。1923 年 3 月由亨利·卢斯和布里顿·哈登创办。该报刊的宗旨是要使"忙人"能够充分了解世界大事。并辟有多种栏目，如经济、教育、法律、批评、体育、宗教、医药、艺术、人物、书评和读者来信等。是美国第一份用叙述体报道时事，打破报纸、广播对新闻垄断的大众性期刊，覆盖面遍布全世界。

我 的 未 来 不 是 梦

智慧心语

1. 无论大事还是小事，只要是自己认为办得好的，就坚定地去办，这就是性格。

——歌德

2. 穷且益坚，不坠青云之志。

——王勃

3. 无论何人，若是失去耐心，就是失去灵魂。

——培根

4. 生活的道路一旦选定，就要勇敢地走到底，决不回头。

——左拉

5. 只有刚强的人，才有神圣的意志，凡是战斗的人，才能取得胜利。

——歌德

第七章

少数民族舞蹈家

◎导读◎

　　中华民族有着悠久的历史和灿烂的文明,也孕育了丰富的舞蹈文化,在构建和谐社会的今天,弘扬中华民族舞蹈文化,是中华民族复兴的需要也是对全人类文化的贡献。弘扬中华民族舞蹈文化,需要中华舞人本体意识更为觉醒。让我们大家一起努力,"让民族舞蹈之花开得更美更动人"。在这一章中,我们选择了几位具有代表性的少数民族舞蹈艺术家,他们通过自己的努力,极大地发扬了少数民族舞蹈艺术,让更多的人看到了民族舞蹈的美!

傣家飞出的"金孔雀"——刀美兰

刀美兰的舞蹈以独特的艺术魅力倾倒了一代又一代观众，被誉为傣家的"金孔雀"，成为享有国际声誉的东方舞蹈家。

刀美兰出生在西双版纳景洪县一个普通农民的竹楼里，刀美兰的家乡是一个非常美丽的地方。而一个美丽的地方，往往特别容易诞生美丽的故事。刀美兰的传奇故事，就在这美丽的地方诞生了。

因为是独生女，所以刀美兰自小就得到了父母和奶奶的宠爱，她有一个非常美丽的傣族名字——"伊蝶提娜"，意思是给人们带来吉祥的姑娘，这是长辈们对她的愿望和憧憬。

刀美兰的家乡，山有情、水动人，是有名的"滇南粮仓"，也是著名的"歌舞之乡"，人民朴实又热情，人与人之间，也是非常和睦融洽的。刀美兰从小就在妈妈的筒裙边转来转去，在竹楼里的小灯盏下聆听妈妈讲动听的傣族民间传说和颂善惩恶的故事，这在美兰幼小的心灵中，培植了一颗美的种子。

那个时候，傣族人经常到寺庙求佛，大人们是去祈福祈祷，而刀美兰却是沉浸在寺庙里优美的浮雕壁画中。好像她生来就有舞蹈艺术的灵性一样，特别喜欢模仿这些浮雕壁画上神佛千姿百态的动作，而且和尚们常常绘声绘色地给她讲壁画中的故事。这些都使得刀美兰在孩童时期就接受着傣族文化和历史知识，以及朦胧的艺术熏陶，并且为她今后的舞蹈事业积累了丰富的舞蹈素材。

我的未来不是梦

一个人的喜好往往是事业的开端，只有你处于非常喜欢一件事的时候，才会孜孜不倦地去追求这件事。刀美兰在七八岁的时候就非常酷爱跳舞，每逢"泼水节"、"赶摆"等节日的时候，或者是当地驻军来寨子里联欢的时候，刀美兰总是要从人群中挤到最前面，仔细认真地观看节目，回到竹楼后就模仿给大人们看。

有一次，她居然跟随着人流，打着火把，趟过小溪，步行了二十几里路去看节目。看完节目回家时，一路上还兴奋地模仿着演员的舞姿。在她的心目中，是多么渴望能够成为一个舞蹈演员啊！

机会总是会降临的，1954年，刀美兰就迎来了她的机遇。西双版纳自治州建立了文工团，刀美兰知道后，便去应试了。由于她长期培养的艺术素质，动作自然，表情丰富，文工团看到这样一个好苗子，非常欣喜，于是13岁刀美兰非常顺利地被录取了，并且成为全团里最小的演员。

妈妈为了照顾她，把家也搬到了文工团的附近，并且鼓励她要以比别人多三倍的努力才可以。由于刀美兰的自然条件好，而且又能吃苦耐劳，几年后她就出演了《召树屯》中"金湖边"一场戏中善良而美丽的七公主。这个角色使刀美兰初露头角。

最令刀美兰难忘的是1961年的泼水节，那一年，周总理陪同缅甸总理到西双版纳，周总理穿着一身傣家人的服装和群众一起参加泼水节。当天晚上，刀美兰为首长和贵宾表演了傣族舞蹈《种菠萝》，得到了周总理的鼓励，并且周总理告诉她，"要好好向老艺人学习，一定要保持本民族的特点，又要多方吸收、发展自己民族的歌舞。"

刀美兰听从了周总理的教导，为了开阔视野，她开始多方拜师求教，并和许多的老艺人结下了深厚情谊。1961年经周总理的推荐，刀美兰到了东方歌舞团工作，这使她有了非常好的学习条件。

到东方歌舞团后，刀美兰认真地学习了大量的外国舞蹈。这阶段她出演了很多舞蹈，并且创作了反映中缅和睦相处的舞蹈《共饮一江水》。

经过不断地充实自己，她掌握了各种舞蹈的风格、韵律、节奏、手势和眼神运用，多方面的养料使她的灵气得到了充分的展现。刀美兰的舞蹈不

但舞姿造型优美,而且含蓄的眼神能够流盼生辉。

　　尽管刀美兰学了很多种舞蹈,但她依然保持着本民族的风格,在大型歌舞史诗《东方红》中,她表演的一段舞蹈,就是民族特色浓郁,使节目增色不少。

　　就在刀美兰的艺术青春将要爆发出更大的魅力时,"文革"开始了。刀美兰表演过的一些舞蹈被指责为"大毒草",著名的东方歌舞团也要被彻底砸烂,演员全部被带去接受再教育。刀美兰经过激烈的思想斗争之后,毅然决然选择了离开歌舞团回到本民族人民中间去。

　　于是,她离开了舞台,回到了故乡,在昆明一个工厂当绘图员。可是人们并不认为刀美兰的舞蹈是"大毒草",并且工厂里的人们主动替她完成工作,就是想要看刀美兰跳舞。这一切都显示了大家对刀美兰的喜爱。

　　群众的支持使刀美兰意识到不应该放弃自己的舞蹈,于是她对自己的事业又燃起希望,并且充满了信心和力量。当周总理了解到这些情况后,将刀美兰调回云南省歌舞团,刀美兰非常高兴,并满腔热情地创作了两个节目。

　　可没想到的是,这两个节目却遭到了四人帮文化部的斥责,说刀美兰黑线流毒没有肃清,根本问题是世界观没有得到改造。于是再次剥夺了她的演出权利。如果想要上台,只能演"样板戏"。刀美兰觉得没有兴趣,直接回到了西双版纳傣家的竹楼里。

　　回到家乡的刀美兰感到了伤心,因为象脚鼓被砍、孔雀舞被禁、少女不能穿筒裙、不许留长发、一律都要剪成"革命头"。这一切景象使她陷入了极大的痛苦之中。尤其是一直鼓励她的周总理逝世了,这使她对自己的艺术以至于生活都丧失了信心和力量。

　　"文革"终于结束了,傣家的金孔雀也苏醒了过来,刀美兰以最真挚的感情编演了《泼水节念周总理》,这个节目引起了观众的共鸣,而刀美兰也因此获得了第二次艺术生命。她决定要遵循周总理的希望,脚踏实地地干出一番业绩来。

　　她首先就想到了"孔雀舞",因为孔雀是傣族人民吉祥的象征。"孔雀舞"又是傣族人民最喜欢的舞蹈。

我的未来不是梦

这十年给了刀美兰一种奋斗的力量，创作的冲动使她夜不能寐，每每想到一个点子的时候，哪怕是半夜了，她也会立刻起床，打开灯设计动作。而且还叫醒丈夫来帮助她配音乐。

将这一系列构思串起来后，从孔雀经过挣扎获得苏醒后，略带着几分警觉的神态起，到自由地在林中漫步、饮水、梳理羽毛，并展翅高飞。

最后，孔雀在舞台中开屏，一片金光闪闪，这寄托了傣族人民追求美好生活的愿望和理想，也表现了傣族人民获得新生的欢乐。而刀美兰为了更加完美，多次跑到动物园去观察孔雀，用手式的动作表现孔雀头部敏锐转动的形象，终于塑造出了一只魅力四射的金孔雀。

刀美兰成功了，通过自己的不懈努力，这金孔雀终于从傣家飞了出来，翱翔在天空，绽放着耀眼的光芒。

逐梦箴言

人生需要努力。当人生有了努力的方向，才会为之奋斗目标而产生不竭的动力。生活中，永远没有一帆风顺的事，我们每个人在前进的过程中，都会遇到一些困难和挑战。然而事情的发展往往并非如此，绝处逢生，只要有希望，只要有动力，看似无路可走，实则柳暗花明。只要你绕过这片沼泽，就会看见前面更加广阔的天地。

知识链接

傣族

傣族，在民族识别以前又被称作摆夷族，是中国少数民族之一。散居于云南的大部分地方。傣族通常喜欢聚居在大河流域、坝区和热带地区。根据 2006 年全国人口普查，中国傣族人口有 126 万。傣族历史悠久，与属壮侗语族的壮族、侗族、水族、布依族、黎族、毛南族、仡佬族等有着密切的渊源关系，都是"百越"、"骆越"民族的后裔。具有共同的分部区域、经济生活、文化习俗和民族特点，语言方面至今仍保留着大量的同源词和相同的语法结构。

■ 孔雀开屏需要的是坚持——杨丽萍

　　杨丽萍,一个用舞蹈书写生命的诗人。她在中国民族舞的大幕下,踏出了几十年精湛、优雅、天才绝伦的舞步。她在20世纪80年代独领风骚的《孔雀舞》,已经成为跨越时代的美丽经典。2003年,她编舞和领衔主演的大型原生态歌舞《云南映象》,把少数民族的原生态文化演绎得淋漓尽致。

　　杨丽萍是云南白族人,其个性中有典型的西南少数民族的特点。她说话无拘无束,头脑灵活,反应迅速。作为舞者,她从不以舞动为辛苦之事,"大气还没有喘一口,哪里谈得上辛苦"。她给人的感觉精力充沛,挥洒自如。

　　杨丽萍就是为舞蹈而生的,她没有经过任何舞蹈院校的学习。1971年,凭借对艺术的爱好和天赋,这个13岁的白族少女直接从洱海边的村寨踏入西双版纳州歌舞团。1980年,她被调入中央民族歌舞团,以孔雀舞闻名,而她的孔雀舞与傣族舞中的孔雀舞不同,她直接借鉴了真实生活里的孔雀的习性。

　　她最大的天赋在于过人的观察力和创造力,1986年,杨丽萍创作和表演的独舞《雀之灵》使她一举成名,对于20世纪80年代的中国人来说,这是一段如女神降临般超凡脱俗的视觉与心理体验,而杨丽萍也因此成为一个时代的魅力偶像。杨丽萍舞蹈的魅力在于超越学院经典和民族传统舞蹈的范式,融入了她本人的个性和色彩,融入她对自然界独特的观察和感悟。

　　而对于杨丽萍来说,舞蹈就是一种生活方式。当杨丽萍自己一个人跳舞的时候,她从来没有想要用舞蹈来换取什么,她觉得鲜花和掌声对她这

我的未来不是梦

125

个舞者来说,并不是所要追求的。

一直以来,人们将这位从深山里走出来的神秘舞蹈家称为"巫女",一位善于用肢体说话的女人。她坚持舞蹈的原生态和自己对舞蹈艺术的理解,台湾及东南亚的观众更称她为"舞神"。这位从云南深山里走出来的白族女子,完全可以凭《雀之灵》《两棵树》等作品,满足于"中国当代知名度最高的舞蹈家之一"这个角色。但之后,她却倾尽全力制作《云南映象》,将一群普通人推上舞台,让原生态歌舞一度成为舞台热潮。

在《云南映像》排练的过程中,杨丽萍平时很少帮演员排练,最多只是练练队形。

"她把内容告诉我们,让我们自己先跳,没有标准动作,就是告诉我们,这是祭祀的,这是动物交尾的,自己体会。"演员虾嘎说。

但排练中的杨丽萍完全和舞台上不一样。她扯着嗓子大声喊:"走走走,停停停。激动、激动起来。"演员的情绪不到位,杨丽萍会睁圆眼睛:"你们在山里面找女朋友是这样的吗?"虾嘎说,排练时的杨丽萍,就是母系氏族里的大家长,"很吓人"。

杨丽萍的三妹杨丽梅说:"有时候我觉得她在台下就是疯子,精神紧张,骂我,骂灯光师。"可是上台后,她立刻变了。"劲道十足,神灵附体。"

杨丽萍编舞的方式也非同一般,"我们云南,向日葵叶子都会跳舞。他们和我一样,都会自然里学跳舞。"如果仔细看,即使同一个舞,杨丽萍也很少跳得一模一样,她总是边跳边改,甚至每次上台前都还修改。

这种跳舞方式也给她带来过困扰。1980年,在西双版纳歌舞团待了9年后,杨丽萍被调入中央民族歌舞团,在那里,杨丽萍被要求练芭蕾舞成套的基本功。但她无法适应,习惯了自然跳舞,她觉得身体被束缚了,于是提出不练,领导、教练都不满意,她仍然坚持,并自己发明了一套练法。

当被问及因为这样会不会有些演出就不用她了的时候,杨丽萍说了一句非常朴实却非常有道理的话,她说,"因为你跳得好,他还是会用你!"

时常有很多人都在抱怨为什么不得志,为什么一身的本事却施展不开,除了没有遇到机遇外,也许杨丽萍的这句话可以作为回答。

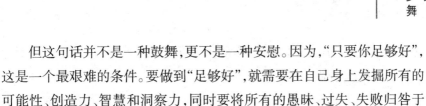

但这句话并不是一种鼓舞,更不是一种安慰。因为,"只要你足够好",这是一个最艰难的条件。要做到"足够好",就需要在自己身上发掘所有的可能性、创造力、智慧和洞察力,同时要将所有的愚昧、过失、失败归咎于自己。你将承担起所有的责任,直视自身蕴含的犹疑、脆弱和无限希望。

当然,杨丽萍也有她的痛处。杨丽梅说,姐姐作为舞蹈演员的天赋条件不算好,她经常取笑姐姐脚太小,不是舞蹈演员的料。"别人劈叉能到180度。她跳起来,怎么也拉不平。"而中央民族歌舞团演员基本功都很好,一下腰,一个大跳,技术惊人,因此,"周围人都瞧不起她,觉得她基本功很糟糕。"

基本功不如人,又搞特殊,结果是她不可避免地被边缘化了,直到1986年,杨丽萍创作并表演了独舞《雀之灵》,一举成名。

她随后就离开了北京,回到云南,继续走村串寨。很多村庄里,小孩诞生,老人死去,都有盛大的舞蹈场面,杨丽萍就整夜整夜地跟他们一起跳舞。每当这时,她会想起终生热爱跳舞的奶奶,想起奶奶告诉她,"跳舞是件快乐的事情,能和神说话。"

她开始坚信,自由的舞蹈一样有灵魂。十几年后,为《云南映象》挑选演员时,杨丽萍挑的都是和自己一样云南山寨里的普通人,没受到过专业培训,不能劈叉到180度,可是手长脚长,熟悉并善于模仿自然。

这个热爱自然,特立独行的骄傲舞者终于证明,自己的成功并非偶然,而是因发自心底的坚持,以及对美的追求。

杨丽萍始终坚持认为,现代化不必以牺牲传统文化为代价。因此,2012年春晚,她选择王迪来当自己的搭档,而不是自己舞蹈团的少数民族男演员。王迪本是跳现代舞的,《雀之恋》则展现的是中国民族艺术魅力,杨丽萍说,传统与现代结合,这正是自己追求的"新东方美学",因此被朋友开玩笑地叫做"后现代孔雀"。

然而,她再次成功了。两只孔雀精美的造型、精巧的动作、精致的情感、精湛的演绎,震撼了观众。

但是在这非常动人的舞蹈背后,也有着不为人知的艰辛。据杨丽萍透

露,《雀之恋》中的这条裙子虽然非常好看,但是也非常重。为了让裙子看起来蓬松自然,在长羽毛里面还缝了很多层细绒,整个裙摆已经超过了10斤。

舞蹈里有很多踢的动作,杨丽萍身穿10斤重的裙子差点都踢不动了。但为了细节的精致,杨丽萍只能努力去适应。

为了配合这条绚丽的羽毛裙,造型师叉叉花了4天4夜的时间,为杨丽萍和搭档王迪设计了造型和妆容,孔雀羽毛装点着舞者的眉毛、颈部,而在羽毛之下,则喷上蓝色,和衣服上的蓝色花纹浑然一体。从而营造了我们最后看到的唯美画面。

孔雀不是随随便便就能飞出来的,是要通过自己的拼搏和坚持不懈的努力,还要经历无数鲜为人知的艰辛。

逐梦箴言

成功没有秘诀,贵在坚持不懈。任何伟大的事业,成于坚持不懈,毁于半途而废。其实,世间最容易的事是坚持,最难的,也是坚持。杨丽萍正是因为有这种坚持的精神,而这种坚持也正是她成功的资本。有句话说得好,不是路不平,而是你不行,到底行不行,看你停不停,只要你不停,早晚都能行。

知识链接

白族

白族是我国西南边疆一个少数民族。主要分布在云南省大理白族自治州,丽江、碧江、保山、南华、元江、昆明、安宁等地和贵州毕节、四川凉山、湖南桑植县等地亦有分布。2000年第五次全国人口普查统计,白族人口数1858063。使用白语,属汉藏语系藏缅语族,还有说法主张白语(白族的语言)、土家语也属于汉语族。绝大部分操本族语,通用汉语文。元明时使用过"口文"(白文),即"汉字白读"。使用汉字书写,有自己的语言,文学艺术丰富多彩。善经营农业、盐渍杜鹃花。三道茶是云南白族招待贵宾时的传统饮茶方式。

■ 绽开在维吾尔的花朵——阿依吐拉

维吾尔族是一个以能歌善舞而著称的民族,在众多舞蹈家中,有一位出类拔萃的维吾尔族舞蹈家,名字叫做阿依吐拉。阿依吐拉出生在"歌舞之乡"的新疆库车,那里是举世闻名的龟兹乐的故里,也是古代"丝绸之路"的中心,更是古代东西方文化交流的地方。

阿依吐拉就出生在这片沃土上,出生时家境贫寒,父亲是个理发匠。在她 4 岁的时候,父亲和母亲离异,小阿依吐拉跟着妈妈,依靠绣花帽和为别人缝补衣服来维持生活。那时的生活是非常艰辛的,然而维吾尔族人都是勤奋乐观的,他们非常热爱跳舞,能歌善舞的小阿依吐拉,乐观、开朗,在命运前从来不低头。

她们家的邻居正是县剧团,因此,小阿依吐拉从中获得了极大的欢愉,她一有机会就会观赏和学习舞蹈,这使得阿依吐拉和舞蹈结下了不解之缘。

夏天的时候,阿依吐拉在自己家的屋顶上就可以非常清楚地看到剧团在露天剧场的排练和演出。小阿依吐拉几乎舍弃了一切的玩耍时间,每天都会在剧团的演员中间穿来穿去。每当演员们排练或者演出时,她就会聚精会神地观看,并非常认真地学习着。回家后,她就把妈妈的破衣烂衫当成是舞衣,然后在村边或者是田埂翩翩起舞。

新疆回到人民手中之后,阿依吐拉才开始上学,但由于妈妈身体不好,12 岁的阿依吐拉只得辍学。后经人介绍,她考入了阿克苏文工团,并

由此开始了梦寐以求的舞蹈生涯。

有的人说舞蹈之路是由鲜花和珍珠铺成的,然而在这些鲜花的背后,却充满了辛勤的汗水和心血,而珍珠则是勤奋与智慧的结晶。

刚刚踏上舞蹈之路的阿依吐拉,虽然非常喜爱舞蹈,但是她对舞蹈艺术其实是一无所知的。阿克苏文工团为阿依吐拉和几个小伙伴请来了文化教员,并指派了有经验的老演员来教她们练习舞蹈。并且给她们创造了深入农村,学习丰富的民间舞蹈的机会。

最让阿依吐拉难忘的就是组织为了培养她,派她到"刀郎舞"之乡阿瓦提学习了三个月。"刀郎舞"是维吾尔族民间舞蹈中最古老的一种。阿依吐拉刚开始向当地农民学跳"刀郎舞"的时候,每次跳到最后单人旋转竞赛的一段,就会头晕、恶心,一直跳不好。但是经过了三个月的刻苦训练,她竟成了阿瓦提小有名气的"刀郎舞"小能手了!

当时阿克苏文工团的条件是比较简陋的,舞蹈演员都没有练功服和练功鞋,更别说教室和把杆了,但是阿依吐拉练功的劲头却是非常强烈的。她每天早晨都是很早就起床了,在庭院里的土地上跑步、走碎步、下腰、连旋转。

刚开始的时候,阿依吐拉还穿着鞋练习,可是没练几天鞋就破掉了,后来她干脆脱掉鞋,赤着脚练习。刚开始的时候,脚是又烧又痛,但是她没有放弃,仍然坚持着,每天都要练上几百遍才罢休。

经过日积月累的练习,阿依吐拉的脚上练出了茧子,技术也随之见长了好多。三年的苦练,使阿依吐拉在舞台上初露锋芒,她的舞蹈赢得了观众和老演员们的赞扬。

1955年,新疆维吾尔自治区成立了,自治区歌舞团也成立了起来,阿依吐拉被选调到了自治区歌舞团中。这里的条件可比阿克苏要优越很多,不仅有正规的训练科目和专业的舞蹈教师,而且还有非常严格的技术要求。

山外有山,人外有人,阿依吐拉刚到这里的时候,就显得非常一般了。在这里,她一切都要从头学起,独舞和领舞她都跳不了,只能和伙伴们一

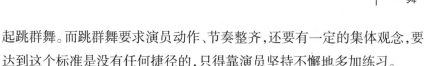

起跳群舞。而跳群舞要求演员动作、节奏整齐,还要有一定的集体观念,要达到这个标准是没有任何捷径的,只得靠演员坚持不懈地多加练习。

阿依吐拉对待排练从来都是一丝不苟的, 每一个动作导演要求做多少遍,她就做多少遍。正是因为阿依吐拉对舞蹈严肃而又认真的精神,渐渐使她在众多舞蹈演员中脱颖而出,赢得了导演的青睐。

慢慢地,阿依吐拉担任领舞的机会越来越多了,这对她来说是一个莫大的激励。她抱着功到自然成的决心,萌生了一个愿望,就是要跳独舞。这是她过去可望而不可即的高峰, 但是倔强的阿依吐拉有一种奋发向上不服输的精神,这使她不断地勇往直前。

在她的努力下,还有诸位老师的指导下,她的独舞表演受到了观众的热烈欢迎。1959 年,阿依吐拉作为自治州舞台上的一颗新星,被荣幸地选派到北京,参加第七届世界青年与学生友谊联欢节的排练。这让她兴奋不已,并且昼夜不分地排练着独舞《摘葡萄》。

为了可以表演得更真实, 她随着导演到葡萄园体验了葡萄园中的生活,品尝了各种葡萄,并且把那难忘的感受艺术地再现在舞蹈表演中。

《摘葡萄》舞蹈的技巧难度是很高的,其中最难的是表现少女看见硕果累累时,要旋转二十多圈后,突然停住,双膝跪倒向后弯腰,头部和膝盖同时贴地这组动作。这组动作优美轻盈、动静分明,对比十分强烈。

阿依吐拉每次演到这一段时,观众总是给予她雷鸣般的掌声。可是没有人知道,阿依吐拉练这组动作时吃了多少苦。她不分昼夜、不分场地的练习,为了这组动作,她不知道双膝磨破了多少回,两只脚面磨烂了,血和脓都流进了鞋里,她依然忍着剧痛练习几十次、甚至几百次!

功夫不负有心人啊, 最终她用辛勤的汗水, 在国际比赛中获得了金奖,不仅自己成功了,而且为国家争得了荣誉。可是为此,她双脚的脚面上却永远留下了两块值得纪念的伤疤。

这就是阿依吐拉,这就是维吾尔族绽放的一朵魅力四射的花朵!阿依吐拉的表演路子非常宽广,舞蹈技术也非常娴熟。

她不仅能成功地表演本民族的舞蹈,而且也能表演我国其他少数民

我的未来不是梦

族的舞蹈和汉族民间舞蹈,以及不同民族、不同风格的外国舞蹈。

《摘葡萄》一直作为阿依吐拉的保留剧目,经久不衰。她以高超的舞蹈技巧,鲜明的舞蹈造型和强烈多变的节奏,形成了自己热情豪放而又细腻柔美的风格。看过她表演《摘葡萄》的人,都不会忘记她在舞台上的激情和活力。她把维吾尔族少女在丰收喜悦时的情感内涵,通过肢体动作和娴熟的外部技巧,展现得淋漓尽致。

国内的观众称她是"天山脚下的一朵金花",而她这朵盛开的金花,依然精力充沛,每天坚持练功,经常参加演出,一直保持着她那可贵的艺术青春和艺术活力!

逐梦箴言

进取心是成功的起点,有了进取心,我们才可以充分挖掘自己的潜能,实现人生的价值,充分享受人生的甘美。我们才能扼住命运的喉咙,把挫折当做音符谱写出人生的激情之歌。我们才能在生命中时刻充满青春的激情和朝气。一个人的心胸有多大,舞台就有多大。进取心和想象力是成功的起点,也是最重要的心理资源。目光高远,时刻想着提高和进步,是成功者最重要的习惯。

知识链接

维吾尔族

维吾尔族是一个多源民族,最主要的来源有两支:一支是来自蒙古草原的回纥人,另一支是南疆绿洲上的土著居民。这两部分人于公元 840 年大规模汇合,至 16 世纪初完全融合完成。在漫长的历史发展过程中,维吾尔族人民用勤劳和智慧创造了优秀的文化,有着独特的民族风情。

擅长"独角戏"——崔美善

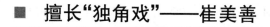

1934 年崔美善出生在朝鲜庆尚南岛的一个农庄里,7 岁的时候全家迁到黑龙江省朝鲜族居住的地区。父亲是一位民间艺人,母亲是位民族舞蹈能手。新中国成立前,为了维持生活,父亲经常背着长鼓,穿街走巷到处献歌卖艺,但是始终不得温饱,生活依然非常拮据。

崔美善就是生长在这样一个又勤劳又贫困的家庭,深受父母为生活而奔波献艺的影响与民族歌舞艺术的熏陶,从小就喜欢歌舞。在读小学四年级的时候,她就非常积极地参加文艺演出队,并立志要当一名舞蹈家。

随着人民解放战争的胜利,崔美善一家也得到了新生。中华人民共和国成立后,新的社会,新的生活,为这位朝鲜族小姑娘开辟了一条非常宽广的艺术道路和美好的前程。

1951 年她在舞蹈上所显露出来的才华,被有关部门及时发现,并送到了北京中央戏剧学院舞蹈研究班进行学习深造,并师从舞蹈大师崔承喜。从此,开始了她专业舞蹈学习的生活。

崔美善是一个非常勤奋的学生,她认真地学习着芭蕾舞、南方舞、新兴舞、朝鲜舞,以及中国戏曲中的花旦、武生、趟马、舞剑、舞枪等技巧和基本功训练。全面的学习,使崔美善不仅在舞蹈基本功上打下了坚实的基础,而且在涉猎古今中外的舞蹈艺术中,开阔了视野,并加深了她的艺术修养。她广泛地吸收了东方代表性舞蹈的特点,为后来的舞台艺术时间,做了全面而又坚实的准备。

我的未来不是梦

　　崔美善以优异的成绩毕业于中央戏剧学院舞蹈研究班,随后,便被分配到中央歌舞团舞蹈队任舞蹈演员。自从步入演出生活后,崔美善决心一定要好好努力,不辜负党和人民的培养,继续踏踏实实地向前走每一步。

　　因此,崔美善从来没有间断过对艺术上的追求与提高,认真地吸取其他演员的长处,加强自身各个方面的修养。

　　当时任中央歌舞团副团长的著名舞蹈家戴爱莲,很快便发现了这个朝鲜族姑娘身上潜藏着艺术才华。正巧在 1954 年为了欢迎印度总理尼赫鲁来我国访问,需要表演印度独舞《丰收》,戴爱莲决定启用一时尚无机会显露才艺而默默无闻的崔美善来表演这个独舞。

　　崔美善通过学习、排练,果然在欢迎尼赫鲁招待会上初露锋芒,赢得了印度朋友以及同行们的一致好评。

　　此后,中央歌舞团为了发掘人才,决定《孔雀舞》的领舞要从全团四组演员中选拔。崔美善以她轻盈、典雅、优美的舞姿赢得了这次机会。并在 1957 年于莫斯科举行的第六届世界青年与学生和平友谊联欢节的舞蹈比赛中获得了金质奖章,为祖国赢得了荣誉。

　　后来排练演出的《长鼓舞》,是她第一次表演自己民族的独舞,这时,她在艺术上已经跨入了成熟阶段。无论是舞蹈技巧,还是表演水平,以及独舞的才华,都更加的显露出来,并且,已经渐渐地开始形成自己的艺术风格。

　　"世上无难事只怕有心人",崔美善之所以能在舞蹈表演艺术上取得如此成就,正是由于她在舞蹈艺术事业上是个追求上进的人,她通过勤奋不已的努力和锲而不舍的精神,赢得人们对她的赞美。

　　艺术质量是艺术感染力的所在,是艺术生命力的根本。没有艺术的质量,艺术就会显得苍白无力。这点在崔美善身上就能够看得出来。

　　崔美善在学习期间,虽然掌握了比较牢固的基本功,但她为了不断地提高自己的舞蹈技巧和艺术修养,在工作当中仍然勤学苦练,广泛学习,吸取营养。除了学习祖国的优秀传统艺术外,她还学习了许多国家的舞蹈艺术,掌握了不同类型、不同派别的艺术风格,以此来增强自己的舞蹈素

质和表现能力。

在崔美善的作品中有许多高难度的旋转技巧,如"斗都笠"是朝鲜族舞蹈中所特有的旋转技巧,有原地旋转和绕大圈旋转。要想掌握好这项技巧,还是很难的。它不同于芭蕾舞和其他舞蹈的旋转动作。旋转时,头部不能动,必须靠眼睛的余光寻找方向,因而增强了旋转的难度。

崔美善在刚开始练习这种旋转时,转上一两圈就会头晕、恶心,更何况还要背上十多斤重的长鼓,掌握平衡就更加难了。而正式表演时,要求演员能转上四、五十圈。因此,平时训练就要旋转到八、九十圈这样的极限练习,才可以在演出时有把握。

崔美善为了把这个旋转技巧从数量到质量都表现得非常好,不论严冬酷暑,她都是在汗流浃背地坚持苦练,并且加大了训练的强度和难度。多年如一日地付出巨大的练习量,最后终于取得了成效。在她52岁的时候,仍然可以熟练地完成47个旋转动作。

崔美善就是这样一个为了达到目标,而不懈努力练习的人,五十年代她还住在集体宿舍时,常常牺牲午睡时间,一边念叨着鼓点,一边手舞足蹈地研究每一个舞蹈姿势、造型和技巧。

她在汗水和泪水中浅浅地悟出了一个道理,任何幻想和理想,都不惜付出劳动,付出代价才能变成现实,付出的越多,现实也就来得越快。崔美善不仅重视舞蹈技术的训练,还非常重视综合艺术在舞蹈表演中的作用。对于舞台上任何一方面的工作,崔美善都是认真对待的。

比如化妆、头饰、服装等,崔美善要求的都是非常严格,并且非常有讲究的。她认为,这些都是完成舞蹈作品、塑造人物形象的重要手段。因此,她常常研究脸型、眼睛以及嘴角的轮廓、线条,以便可以保证如何化妆更能发扬基本条件的特长和弥补不足之处,从而使舞台形象更有助于完善地体现作品的要求。

崔美善每次到剧场,首先就是到舞台上去练习作品中最难的舞蹈动作和技巧,同时熟悉舞台的表演区。在每场演出之后,她都会认真地反思一番,及时地总结演出中的不足,哪怕是一个非常细微的纰漏,一个眼神、

我的未来不是梦

135

一瞬间的动作过程、一个节奏的误差,她都不会放过。认真的找出问题的症结,并且立即抓紧时间练习,以便有新的创造和新的水平。

崔美善不仅是一位舞蹈艺术家,她的思想境界也是很高尚的。她认为,"没有把握的演出,是对艺术的不负责任。演不好就是对不起观众。"因此,崔美善在对待每一场演出时,从来不马马虎虎,而是兢兢业业,努力提高自己的表演水平,总是将自己最好的一面展现在观众面前。

因为勤奋,因为细心,因为她有着强烈的敬业精神,崔美善在舞蹈表演艺术上,取得了非常大的成绩,并为我国舞蹈事业的发展做出了贡献。然而崔美善在成绩和荣誉面前,不仅谦虚谨慎,而且更加激励自己前进。

逐梦箴言

人生就应该多一些勤劳和智慧。娴熟的技巧和优美的舞姿,都是在勤劳和智慧的基础上,开出花朵。勤劳是一个人安身立命的根本,也是一个人成功的基础。只要勤奋、认真地对待所做的事,就没有什么做不成的,只要你付出了,你的努力就不会辜负你。

知识链接

朝鲜族

朝鲜族,又称高丽族、韩族,是东亚主要民族之一。朝鲜族主要分布在朝鲜半岛的朝鲜、中国和俄罗斯远东地区及其他原属苏联的加盟共和国。其余散居美国、日本等世界各地。在中华人民共和国境内的朝鲜族是中国的一个少数民族。

◉ 智慧心语 ◉

1. 不因幸运而故步自封，不因厄运而一蹶不振。真正的强者，善于从顺境中找到阴影，从逆境中找到光亮，时时校准自己前进的目标。

——易卜生

2. 当一个人年轻时，谁没有空想过？谁没有幻想过？想入非非是青春的标志。但是，我的青年朋友们，请记住，人总归是要长大的。天地如此广阔，世界如此美好，等待你们的不仅仅是需要一对幻想的翅膀，更需要一双踏踏实实的脚。

——爱默生

3. 人生应该如蜡烛一样，从顶燃到底，一直都是光明的。

——萧楚女

4. 生活需要一颗感恩的心来创造，一颗感恩的心需要生活来滋养。

——王符

我的未来不是梦

第八章

怒放的生命

灵魂的舞者

○导读○

　　有一些人，无论他们被放置在什么样的行业中，他们都无疑是特殊人士。但是生命的价值，并不在于他们相对于其他人来说，缺少了什么或改变了什么，而是在于他们用自己的精神和努力，换来的他人的尊重和敬佩。每段成功的背后都有着无数个令人潜然泪下的故事。舞蹈是一门肢体语言，需要从动作和音乐中去展现一种境界。这种境界不在于动作的本身，而在于动作与音乐的融合，更在于舞蹈者对音乐的理解和把握。天放晴了，太阳拨开云缝，展露微红的笑颜，高兴地俯视着大地。万物在细雨的滋润和洗礼下，显得异样的精神而美艳。——这些人用他们独特的方式为我们展现了怒放的生命！

■ 用生命舞动传奇人生——金星

如果说她是一个优雅的舞者，不如说她是一位令人尊敬而又让人发自内心去欣赏的优雅女人。首先，作为舞蹈家金星来说，人们赋予了她非常之多的美好光环，杰出的现代舞舞蹈家、中国现代舞的拓荒者，也是目前在世界上成就最高的中国舞蹈家之一，等等。她的"上海金星现代舞蹈团"在她的带领下，已越来越为世人瞩目。

其次，作为一个优雅女人来说，她无疑是令人钦佩的。她优雅、大方，和她对生活的热爱，都是让人敬佩万千的。作为一位变性艺人来说，无论外界对她是接受也好，还是不接受也罢，金星依然活出了她自己的韵味和无尽的优雅。

金星是一位传奇的舞蹈艺术家，之所以这样说，正是因为在金星身上，确实有太多传奇的经历。金星9岁时，便考入沈阳军区前进歌舞团，首创男子足尖舞，成为中国内地第一位获得美国艺术研究全额奖学金之人。1995年在北京医科大学整形外科医院做变性手术，实现了由男人到女人的转换。之后创办了金星现代舞团，2004年《上海探戈》赴欧洲巡演，引起巨大轰动……有太多太多的传奇，都源于金星，源于她对舞蹈的执著与热爱。

如今，金星的舞蹈已化成了生命的语言，在文化背景迥异的人们中间传诵并引发共鸣。从中国到美国，从亚洲到欧洲，只要是金星的舞步所到之处，都如疾风扫过一般，无不掀起一阵阵狂澜。现代舞的舞魂已经被金

星用生命来诠释，所以她的舞蹈可以让人热血涌动。为了这一诠释，金星不惧一切险阻，甚至转换自己的性别。

现在来看，已经没人再去关注金星曾经的性别，而只是将全部的视线都集中在她的舞蹈以及她在舞蹈时所表现出的魅力上。

金星在追求舞蹈艺术的道路上，曾有过两次绝食。

第一次绝食是在金星9岁的时候。1976年的一天，有几个身着军装的叔叔、阿姨来到沈阳朝鲜族小学选拔舞蹈学员。那时候正是早操的时间，操场上集聚着全校师生。只有9岁的金星站在列队中，小小的个子，红扑扑的小脸儿，心里怦怦直跳："我一定要被选上！"他暗暗地为自己鼓劲，做操时格外精神。

如他所愿，穿军装的叔叔阿姨们一下就相中了他，尤其是宋兆昆阿姨和金振华叔叔，更是对金星赞誉有加。然而，金星的父亲母亲并不打算让金星学跳舞，即使在当时舞蹈人才奇缺、舞蹈学校少的情况下，以舞为生也不是一个令人羡慕的选择。

可是金星却宣布："除非同意我去歌舞团，不然就再不吃饭也不上学了。"

然后他就真的转身回屋把房门关上，再不理人。坚持了整整两天，他不吃饭不上学，绝食请命，大有一种不达目的誓不罢休的势头。

父亲终于动摇了，开始和母亲商量："这样也解决不了问题，要不就同意了吧，部队上要求严格，孩子也会受到锻炼……"

"星儿，军队是严格的，歌舞团也是军队编制，一切服从命令听指挥。别以为只是跳跳舞，你受得了吗？"父亲想劝阻他。金星听后，眼睛一亮，觉得有门儿了，兴高采烈地说："爸爸，我保证受得了！"

父亲听后，接着说："你敢写保证书吗？保证你遇到任何困难也不退缩、坚持到底吗？"金星听后，从床上雀跃而起："敢！我马上就写！"转瞬间已坐到写字台前。

3页纸的保证书，写了3份，一份交给父亲，一份留给自己，一份交给歌舞团。"哇哈！万岁！"金星的心在欢呼。这一次欢呼，欢呼出来中国第

一个现代舞的领军人物。就这样,金星用绝食的方法,抓住了她学习舞蹈的机会,并开始了她漫长的舞蹈生涯。

金星第二次绝食的时候,是在"桃李杯"之后,17岁的金星获得首届中国舞蹈"桃李杯"少年组一等奖。昔日那个不起眼的小不点成为了中国公认的舞坛明星,而恰逢此时,广东舞蹈学校将建立中国第一个现代舞学校,并向全国第一名的金星,抛出了邀请,面对对方开出的诱人条件,金星蠢蠢欲动,跃跃欲试。

当初这个现代舞学校是美国人来到中国投资建立的,面向全国只招收20名学员,然后由美国专家来培训,并从这20名学员中选一名派到美国去留学。

"从全中国中选一个去美国学习的话,那个人肯定是我,我特别自信。"金星在得知此消息后,心中自信满满。可是这在当时全国都不知道什么是现代舞的时候,团里的领导根本不愿意放手多年培养出的人才。

别无他法,金星又用了一次小时候对父母所施的伎俩——绝食。

当时正好赶上全军汇演,要演一个大戏,金星又是主要演员。但是她绝食了一个星期,如果不吃饭的话根本没有力气跳舞。于是,金星借机说:"你答应我,让我去学习现代舞,不让我学习现代舞,我就不吃我也不跳,没力气也跳不了。"

通过金星的软磨硬泡,最终,老师没有办法,说:"行啊,小孩儿这么愿意学习,就让她去吧。"结果去了就让美国专家看上了。在训练了一段时间后,美国专家从20名选手中指着金星说,就是这个人。

当时美国专家给金星的评语是:"这个人将对中国的现代舞做出贡献。"

金星9岁开始跳舞,发现古典舞的表演方式更多在面部表情上,这是她不喜欢的。19岁去广东舞蹈学校现代舞实验班,开始跳现代舞,金星觉得终于可以用身体说话了,突然解放了。现代舞教给人对自由的认识,不是社会给你多大释放的自由,而是内心的张力能不能给思想、想象、抒发的自由。

我的未来不是梦

自信的人都是美丽的，金星正是因为她的自信和她对于舞蹈的执著追求，才成就了今天舞坛中的她。而金星，她是一个纯粹为了舞蹈而生的人，她说她在排练舞蹈的时候，是没有性别区分的。她只是沉浸在舞蹈中，感动自己，也感动着他人。

一个用生命跳舞的舞者，一个心灵像水晶一般清澈坚韧的人，任何时候都配得上美丽这个词，她的生活态度，和她对舞蹈的追求，都是值得我们敬佩和尊敬的。

逐梦箴言

拿破仑说，"人的身上有一个看不见的法宝，它的一边装着：积极心态，这是获得财富、成功、幸福和健康的力量；另一边装着：消极心态，这是剥夺一切使你的生活有意义的东西。"金星就是一个有着积极心态的人，她不以别人的意志为转移，用积极的人生态度面对人生，在不断地适应过程中取得成功。

知识链接

沈阳军区政治部前进歌舞团

沈阳军区政治部前进歌舞团是中国军队的一个地方文工团，成立于 1955 年 6 月。几十年来，歌舞团创作演出了大批优秀节目。该团曾出访 40 余个国家及地区，受到当地观众和华侨的高度赞扬。

无声世界中的追梦者——邰丽华、杨川

　　这是一群来自无声世界的聋人,他们有静穆纯净的眼神、娴静端庄的气质和婀娜柔媚的舞姿。音乐是舞蹈的灵魂,然而这些聋哑的舞蹈演员,却听不到音乐的节奏和旋律,他们只能在无声中感悟音律,在残缺中寻求完美。

　　2005年央视春晚的《千手观音》引来万众瞩目,亿万观众从此记住了这个创造了至纯至美的团队。他们共有21人,12女9男,全都身在无声的世界中。而那个领舞女孩邰丽华的优美舞姿和安详宁静的神情同样令人难忘。

　　邰丽华,这位美丽动人的聋哑女孩,给人的第一感觉是透明、纯净,正是这位两耳失聪的女孩儿,用生命演绎的舞蹈感动了全国人民。

　　邰丽华两岁的时候因为高烧注射链霉素失去了听力,从此进入了无声的世界。直到5岁时,小朋友们玩"辨声识人"的游戏时,她才意识到自己和别的孩子不一样。从此她只能进聋哑学校,在一片孤寂的世界里生活。

　　聋哑学校的律动课是为了让学生通过振颤感受到节奏的变化。当老师将木地板上的响鼓踏得咚咚地响,一种奇怪而自然的有节奏的振动刹那间传遍邰丽华的全身,她感到有一种从未有过的对另一个世界新奇的感知,她对老师用三个手势表示:我—喜—欢。正是这堂律动课启蒙了邰丽华对音乐的痴迷。

我的未来不是梦

　　从此,邰丽华尽情地投入到了这个充满新奇的世界,她爱上了舞蹈,虽然没有音乐,但是她用自己的心去伴奏。生命的旋律在起舞,生命之火在燃烧,邰丽华重新认识到她存在的意义,她觉得自己注定一生要用舞蹈和心中的音乐去膜拜生命,并因此对世界充满了感恩和感激。

　　对于邰丽华来说,排练虽辛苦,但身体吃不消并不是最难的,而是怎样在舞蹈艺术上超越自我,不断突破。

　　由于邰丽华听不见音乐,很难得到名师的辅导,之前又没有受过专业训练,大多数时候她只能凭借着自己的感觉和悟性在跳。为此,她感到非常苦恼。

　　尤其是排练《雀之灵》这样高难度的舞蹈时,一开始,她怎么也进入不了状态。但她却通过对专业舞蹈教材和一些著名舞蹈艺术家的资料,经过一番吸收、思考、消化之后,使舞蹈技巧得到了提高。

　　她还和手语老师王晶合作,设计出了一套独特的舞蹈手语来代替音乐节拍。每当音乐响起的时候,邰丽华用眼睛的余光跟着舞台旁王晶的手语提示翩翩起舞,不仅节拍丝丝入扣,而且韵味十足。

　　邰丽华有一个特殊的能力,她可以凭记忆完全地把握节奏,《雀之灵》700多个节拍,她完全是靠记忆来完成的。

　　有一次在辽宁电视台做一期节目,节目组需要邰丽华跳《雀之灵》这个舞蹈,当音乐响起的时候手语老师王晶给她起了一个手势,她就开始跳,结果跳到一半的时候,好多观众都在交头接耳,说她不是个聋哑人,能听见。

　　就在这个时,音乐突然间没有了,可是邰丽华始终在没有音乐的舞台上继续舞蹈,而且依然很用心。到快结束的时候,导播又把音乐慢慢推上去了,她依然和着那个音乐在舞蹈。音乐推上去的时候她一点都没有出现差错,这时候所有的观众都流泪了。

　　这样的感动,不是每位舞蹈演员都能够给予我们的。而邰丽华之所以可以感动我们,正是因为她在台下挥洒着无尽的汗水而付出的努力。

　　邰丽华始终认为残疾只是缺陷,却不意味着不幸。正如她经常说的,

"我会带着一颗快乐感恩的心去面对人生的不圆满。"正是舞蹈让她找到了自信,舞蹈对于邰丽华来说,是"表达内心世界的美丽语言"。

这是邰丽华带给我们的感动,像邰丽华这样的聋哑舞蹈艺术家,还有很多,比如《千手观音》中在邰丽华身后的 20 位默默无闻却带给我们震撼的演员们。在众多舞蹈演员中,有这样一个跳拉丁舞的聋儿男孩,他叫杨川。他像邰丽华一样,虽然双耳失聪,但是视舞蹈为生命,在他的舞蹈生涯中,又有着怎样的经历呢?

杨川出生于驻马店上蔡县一个朴实的农家,幼年时因病导致神经性耳聋,两岁的时候母亲突然发现了杨川的异样,于是带杨川四处寻医,得知儿子从此以后将在一个无声的世界中生活。杨川的爸爸妈妈非常难过,他们害怕别人知道杨川是一个不会说话的聋哑孩子,害怕别人歧视杨川,害怕杨川受到伤害,就对杨川隐瞒了实情,并下定决心,再苦再难也一定要教会杨川说话。

5 岁半时,经别人介绍,家人把杨川送到了河南省漯河市的一家聋哑儿童语言康复学校。刚入学不久,小杨川就显示出了不同寻常的一面,别的聋哑儿童需要一年才能完成的发音训练,杨川只用 5 天就学会了全部的发音,一个月就能读书认字,并且能连成句子说话了。他第一次开口喊"爸爸"、"妈妈"、"大家好"时,全家人泪流满面。

偶然一次机会,学校老师发现杨川有舞蹈天赋,并对他进行了单独的舞蹈辅导。杨川在学习舞蹈的时候非常努力,躺在床上的时候,还在动着胳膊、腿,进行舞蹈动作的练习。他很快就能"听"着音乐跳十多支舞蹈,并代表学校、漯河市残联多次参加文艺演出。

作为漯河人耳熟能详的名字,芦芳和她的拉丁舞学校已成为拉丁舞的一个代名词。有一颗善良心的芦芳有一个让残疾少年儿童也能够跳拉丁舞的愿望。为了实现这个愿望,她和漯河聋哑儿童语言康复学校结成爱心联盟学校,免费教孩子们跳拉丁舞。

经过一段时间的练习,作为聋哑儿童语言康复学校练习拉丁舞中的一名,小杨川现在不但熟练掌握了拉丁舞的一些技巧,而且在跳拉丁舞的

过程中,找到了乐趣,增强了自信心,原来沉默孤僻的他现在变得活泼开朗,脸上露出了灿烂的笑容。

聋儿舞蹈奇才杨川的舞蹈人生也由此开始。

因为杨川的听力障碍,造成他在学习舞蹈的过程中需要付出比常人多好几倍的努力和汗水。杨川的老师说,教他一个人的工作量,相当于教一个班。

由于听力不好,所以老师就通过三个方面,利用环境对杨川进行教导。首先是伸手指,一、二、三、四这样进行示意,让他跟上步子。然后是音乐里传出的鼓点声,通过地板的震动,传递给他信号,以便让他踩住点。

另外,老师还专门安排了基础很好,并多次在全国获奖的陈耀星和杨川搭档。陈耀星会用"一二三四"这样的口型节拍来提醒杨川,杨川通过陈耀星的口型就能跟对节奏。

当别人问及杨川是否能听到音乐的时候,杨川拍拍胸脯说,我心里可以听到。杨川的妈妈说,杨川耳朵虽然听不清,但他的心能感受到节拍,和舞伴配合时,则是通过两人的眼神或身体语言。

杨川也有一个愿望,就是希望教和他一样身患残疾的小朋友跳舞。如今,杨川在自己的老家上蔡县县城,成功创办了"杨川拉丁舞学校",并首批招收到了20名孩子作为学生。

小舞蹈家杨川用他的努力让我们知道,无论有再大的困难也不要放弃,即使是残疾儿童最终也可以获得巨大的成功。

杨川说,我知道,我并不是什么天才少年,我所取得的所有成绩,都是和河南省漯河市聋儿康复中心的老师,和社会各界对我的关心与帮助分不开的,是老师和爸爸妈妈教给我自强不息、顽强做人的精神分不开的,是爱心创造了奇迹,在未来的日子里,这种爱心、这种精神,会一直温暖着我,鼓励着我,去努力学习、努力工作,踏实做人,去继续创造一项又一项生命的奇迹。

逐梦箴言

　　邰丽华和杨川不屈不挠的人生，给很多残疾人生活的勇气和力量，也让我们这些人懂得了：不要虚度这一生，要抓住每一分每一秒美好的时光，珍惜幸福的生活，渴望艺术。从邰丽华和杨川的故事中，我们可以受益很多。要学习他们不屈不挠的精神，更要学习他们乐观向上的生活态度，一个人只要有一颗勇于去奋斗的心，就会取得成就。在人生的道路上，任何困难，都要努力地克服，因为一个成功的人，她灿烂辉煌的背后，必定会有艰辛，有苦难，有失败，没有苦，哪来的甜呢！

知识链接

"千手观音"

　　"千手观音"全称"千手千眼观世音菩萨"，又称"千眼千臂观世音菩萨"，是佛教六观音之一。原生地：邢台南和县瓦砾岗和白雀庵。影响：由此引发了国人对中国的女性观音菩萨的崇拜，据佛教典籍记载，千手观音菩萨的千手表示遍护众生，千眼则表示遍观世间。唐代以后，千手观音像在中国许多寺院中渐渐作为主像被供奉。

我的未来不是梦

■ 黑暗中的舞者——阿丽西亚·阿隆索、赵蕴辉

在世界的舞坛上,有一位顶级的芭蕾舞大师,她的一生都充满了传奇色彩,她为世界芭蕾舞事业做出了杰出的贡献。并且,她是古巴芭蕾的缔造者, 成为古巴的经典标志之一。而她令人敬佩的不仅仅是因为她的成就,更多的是因为,她是一位盲人舞蹈家。

她的名字叫做阿丽西亚·阿隆索,1920 年 12 月 21 日出生于古巴首都哈瓦那的一个军官家庭,因为家境富裕生活优越,让阿隆索有机会接触到各种类型的音乐和舞蹈。她在很小的时候就表现出了舞蹈的天赋,一部留声机,一条围巾和几张唱片,就可以让她翩翩起舞。

9 岁时的她,首次公开在哈瓦那演出了柴可夫斯基的芭蕾舞剧《睡美人》。15 岁时爱上了自己的舞伴并结了婚。1940 年,18 岁的阿隆索成为刚刚成立的纽约城市芭蕾舞团的一员, 但是她却意外地发现自己怎么也看不清东西了,经诊断为视网膜脱落,面临失明危险。但她毫不气馁,硬是通过加倍的努力,继续着舞台之路。

医生为她做了手术,命令她在床上躺三个月并且不能动。可是她仍然坚持在床上练习绷踢腿。当纱布解开的时候却发现手术并没有完全成功,第二次手术后阿隆索依然面临失去周围视觉的危险, 于是不得不在哈瓦那完成了第三次手术。

术后的一年时间里,丈夫每天都陪着她,坐在她身边用手指代替脚尖在阿隆索的胳膊上舞蹈,带着在黑暗中神驰的阿隆索攒动脚尖,在无尽的

虚空中,跳了一幕又一幕。

这在多年之后,阿隆索回忆起那段日子时,依然是记忆犹新:"我的灵魂从身体的束缚中逃离,在无尽的黑暗中,我们翩翩起舞,我感到自己就是吉赛尔,就是白天鹅。"

虽然最后的结果仍然是部分失明,但是阿隆索凭着惊人的毅力,又重新回到舞台开始自己的舞蹈训练。1943年她被要求跳《吉赛尔》,以接替一位受伤的芭蕾舞演员,阿隆索欣然接受,并有着惊人的表现,她演出的《吉赛尔》被芭蕾舞界誉为上个世纪最伟大的、无人可超越的《吉赛尔》,"这是一个黑暗中的吉赛尔,但是她又如此轻盈飘逸"。

阿隆索眼睛的视角只有45度,两米之外根本看不见任何东西。在这样的状态下,她每次演出时,都要有人在侧幕条中用声音为她提示方向,并通过舞伴的配合来告诉她群舞的位置。

她的舞伴都是精确站位的,如果是远距离接抛,他们之间的距离会固定为具体的脚步数。在舞台上,还会用细金属线在关键点做上标记,阿隆索可以通过这些细金属线来定位。并且还为她设计了一套大功率的射灯,安装不同的颜色,以此来引导她的动作。阿隆索知道如果舞台前的聚光灯光线太强了,就是她在舞台上太靠近乐池了。有了这些帮助,在台下的观众根本不会察觉到她有视力障碍。

这简直就是一个奇迹。一个正常人在把眼睛蒙上的状态下几乎寸步难行,更别说跑和跳了。对于一个舞蹈演员来说,在眼睛几乎全盲的情况下演绎了整部芭蕾舞剧,还要表演高难的旋转和跳跃,并且可以完美地诠释角色。这些不可想象的困难全部被阿隆索跨越了。

从此,阿隆索在半盲的状态下舞蹈了六十多年,并一手创办了古巴芭蕾舞团。

阿隆索的艺术生命力是普通芭蕾演员的三倍,她的芭蕾舞表演生涯一直延续到70多岁,古稀之年的她,仍然在芭蕾舞台上跳独舞。2003年,在接受美国媒体采访时,83岁的阿隆索表达了对舞台生涯的热爱:"我爱这个舞台。无论什么时候,站在舞台上,我都很快乐。舞台就是舞者应该在

灵魂的舞者

的地方……对我而言这个舞台就像家一样。"

阿隆索创造了一个神话。她经过超常的刻苦和加倍的用功，但她不仅没有放弃，反而在芭蕾舞艺术上持续精进。这在世界的舞坛中，都是一个令人尊敬的芭蕾舞表演艺术家。在中国也有一个像阿隆索这样的盲人芭蕾舞演员，她的名字叫做赵蕴辉。

天使般的芭蕾舞盲人女演员赵蕴辉出生时本是个聪慧健全的孩子，但3岁时的一场高烧，使她几乎失明，仅剩下了一点点的残余视力。可是小蕴辉不但没有被这样的飞来横祸击倒，反而令人难以置信地爱上了她几乎不可能去触及的一个专业——舞蹈。

同为盲人的妈妈一直鼓励她："要想穿上红舞鞋，你就要有勇气面对一切困难挫折。"刚开始，没有人会相信一个小盲女可以用优美的舞姿展示自己的艺术才华，而且更是想象不到，她可以在绚丽的舞台上翩翩起舞。然而赵蕴辉不但做到了，而且还顽强地把盲孩子的形体美展示到了极致。13岁时，她成为世界上第一位盲人芭蕾舞演员。

赵蕴辉今天的光环下，有着她在黑暗中付出的比常人多几倍的努力。微弱的视力给赵蕴辉的求学带来很多困难，上课时，她总是坐在第一排，并且还要借助一台望远镜才能看到黑板。但是因为望远镜的可视范围非常小，她经常看不清老师的全部课件，只能凭借记忆或下课后找同学借笔记来复习功课。在舞蹈专业课上，因为看不清，她也要比其他同学付出更多的汗水。在赵蕴辉就读的天津音乐学院，老师和同学们都知道，她每天都比其他同学早到2小时，晚走2小时，给自己增加好几个小时的练习时间。

不仅如此，赵蕴辉过去都是穿软底鞋练功，虽也是用足尖，但那时是用脚趾和脚掌连接处着地。而舞鞋却是让脚指头指尖向下顶在前端平面内部，全身重量都由10个脚趾来支撑着。仅练习了两小时，赵蕴辉的脚趾就疼得受不了了，脱下鞋一摸，袜子上湿乎乎的，原来，脚趾因为练习太苦而流出的血已经把袜子浸透了。

懂事的赵蕴辉不想让爸妈担心，就隐瞒了受伤的事，咬牙坚持练了两天。可是到第四天晚上的时候，却发现袜子竟然脱不下来了，于是只能呼

唤爸爸过来帮忙。爸爸一看,忍不住惊呼起来:"流这么多血!"

原来,赵蕴辉因脚趾流血过多,血干了又流,流了再干,袜子跟脚都已经粘在一起了,脚趾甲快脱落了。为了适应专业舞鞋,赵蕴辉的 10 个脚趾甲脱落了又长出新的,新的还没长齐又再次脱落。为了缓解流血,赵蕴辉的妈妈一次性买了 1000 片创可贴,每天给女儿往脚趾上贴。

穿足尖鞋必须戴脚套,而本就靠低保生活的赵蕴辉为了省钱,死活不让爸妈买,妈妈没办法就用旧尼龙丝袜缝成自制脚套套在女儿脚上。就在这血与泪中,赵蕴辉跳舞的脚尖越来越轻盈。

《中国丽人》播出后,盲女舞蹈演员赵蕴辉引来了不少观众的赞叹。大家都被舞台上那个身穿白色演出服,就像一只圣洁的白天鹅,面对母亲跳起《烛光里的妈妈》的赵蕴辉深深吸引着,还有她那双闪烁着光芒的眼睛。

有网友评价她说:"眼前的黑暗总也遮挡不住心中的那盏明灯,生活还是依旧丰富多彩。"杨澜对她的评价是:她用脚步丈量舞台,用心灵点亮人生! 像白天鹅一样高贵优雅。

逐梦箴言

艺术的世界没有残缺,残疾儿童自强不息,乐观向上的精神,诠释着生命的意义。命运给了她们一双看不见的眼睛,但是给了她们美丽的心灵,和伟大的精神世界!

知识链接

柴可夫斯基

彼得·伊里奇·柴可夫斯基〔1840 年 5 月 7 日—1893 年 11 月 6 日〕,十九世纪伟大的俄罗斯作曲家、音乐教育家,被誉为伟大的俄罗斯音乐大师;他的音乐是俄罗斯文化在艺术领域内的最高成就之一;其风格直接和间接地影响了很多后者;主要音乐作品有六部交响曲、三部钢琴协奏曲、小提琴协奏曲、幻想序曲《罗密欧与朱丽叶》,音乐会序曲《1812》、歌剧《叶甫根尼·奥涅金》、《黑桃皇后》、芭蕾舞剧《天鹅湖》、《胡桃夹子》、《睡美人》等。

我的未来不是梦

■ 残疾的完美——马丽和翟孝伟

2007 年第四届电视舞蹈大赛众多优秀的、高水平的舞蹈作品中,有一个名叫《牵手》的舞蹈作品震撼了全场的观众和评委。这两位舞蹈演员都是肢体残疾的人,女孩叫马丽,男孩叫翟孝伟。马丽没有右臂,翟孝伟没有左腿,然而他们的舞蹈却仍然可以让我们感受到一种美。

小时候的马丽和普通的女孩子一样,是一个活泼开朗、爱漂亮的女孩子,7 岁开始学习舞蹈,她最大的梦想就是当一名舞蹈家。初中毕业后马丽进入驻马店艺术学校主修舞蹈,18 岁加入青岛市艺术团。可是当她在19 岁那年,正处于事业向上发展时期的马丽,在一次意外车祸中惨遭不幸,醒来的时候发现自己永远失去了右臂。

小时候的翟孝伟是一个很淘气孩子,4 岁的时候,和小朋友一起玩,爬上了一辆拉砖的拖拉机,结果一不小心从拖拉机上掉下来,左腿被车轮碾过。送到医院后被告知要保住性命必须高位截肢。当时爸爸告诉孝伟,截肢以后会遇到很多的困难。年幼的孝伟根本不知道什么是困难,还问爸爸困难好吃吗? 爸爸告诉他,以后的困难你要一个一个吃。

两个原本都是健健康康的孩子,却都因为意外而成了残疾人。马丽从此告别了她心爱的舞蹈,而且必须习惯没有右臂的生活。在母亲的鼓励下,她重新振作起来,从最基本的穿衣、叠被学起,还开了一间书店。

马丽曾以为自己一辈子就这样了,没想到,2001 年河南省残联得知她的事迹后,邀请她参加第五届全国残疾人文艺汇演。马丽的第一反应是

拒绝,心想没有了右臂,还怎么展现舞蹈完整的肢体语言和艺术精神?省残联三番五次做工作,马丽决心试试看。

因为没有了右臂,平衡感、肢体感觉和以前都不一样,马丽不得不从最简单的旋转动作、平衡动作开始练。一个月后,她走上了文艺汇演的舞台,由她领舞的《黄河的女儿》夺得了金奖,她也有勇气重拾舞蹈梦想了。

而翟孝伟和马丽的相识,纯属一个偶然。重回舞台的马丽,一直想寻找一个合适的搭档。有一次她走在街上,旁边走过一个拄拐的影子,马丽急忙看了一眼,觉得这个男孩的身体素质很好,适合做自己的舞台搭档。这个人就是翟孝伟。

马丽赶紧追过去,问他的一些基本情况,这让翟孝伟很纳闷,觉得眼前这个漂亮的女孩是不是喜欢上自己了?后来一听马丽问他愿不愿意和她一起跳舞的时候,翟孝伟瞪大了眼睛,脑海中立刻浮现出街头卖艺,直摇头。

无奈之下马丽给孝伟两张她自己的演出门票。翟孝伟就去看了,他没认出领舞的马丽,却被残疾舞蹈演员们表现出来的美感震撼了。看完马丽的表演以后,怀着对舞蹈的极大好奇,翟孝伟跟随马丽来到北京学习舞蹈,因为没有钱,两人的吃、住、练功都在北京市昌平区一间十几平方米的小屋子里。

但是翟孝伟从来没有学过舞蹈,马丽开始从头训练翟孝伟。为了达到完美的程度,马丽对翟孝伟严格近乎于残酷,常常逼他训练。可是时间长了,翟孝伟面对天天同样枯燥的动作,他开始偷懒了。每天早上开始练功的时候,翟孝伟都是精神饱满,可过不了一会儿他就没兴趣了,每到这个时候马丽总是想一些办法来激励孝伟。

有一次,因为翟孝伟的偷懒,两个人产生了矛盾,为此,翟孝伟对自己产生了怀疑:到底自己是不是跳舞的材料,到底有没有信心和毅力把舞蹈练好?为了测试自己,翟孝伟想出了一个办法,他要从西客站走回昌平的家,这段路程足足有50公里。

可是翟孝伟坚持了下来,第二天清晨六点半,他推开了门。从那以后,

我的未来不是梦

他们俩开始忘我地排练舞蹈《牵手》。他们没有正规的排练场地,冬天在家里练,夏天就跑到公园里练。

翟孝伟身体的协调性不好,有时候,总是跟不上音乐的节奏。有一组动作是舞蹈《牵手》中最优美的、也是难度最大的动作,为了能做到完美,他们自己也不知道曾经摔了多少跤。有时候翟孝伟的手稍微抓不好,或者手一出汗抓不好,马丽就会摔到地上。

于是两个人就一直练那一个动作,从早上8点练到晚上8点钟,整整练了一天。就是在这样的付出和努力下,我们才在2007年4月20日那天的舞蹈大赛上,看到了他们用残缺演绎了完美,感受到了他们心灵上的牵手和彼此之间的搀扶。

舞蹈大赛之后,有越来越多的人开始认识马丽和翟孝伟,也有越来越多的人开始欣赏他们的舞蹈。从好多地方大大小小的慈善演出,到奥运火炬手的评选,到处都可以看到马丽和翟孝伟的身影,舞蹈让他们生活的越来越有自信,也让他们的生活逐渐丰富多彩起来。

"我们希望展现残疾人和健全人的一种融合,"翟孝伟说,"我们没有把自己当成残疾人,在这个舞台上,我们希望把最美最好的东西展现出来。"马丽说:"我们就是一个人。我们展现给观众的就是最阳光、最极致的美。"

而观众朋友们给予了马丽和翟孝伟最高的评价是:他们表演的已经不仅仅是一个舞蹈,更是演绎出了一种人类需要共同呼唤的爱、勇气以及对生命的尊重。

残缺的身体让马丽和翟孝伟在各自的人生当中品尝着生活的严酷和艰辛,但是通过演绎舞蹈《牵手》,他们两个人加起来的三只手三条腿,竟然可以演绎出一个如此完美的故事。

逐梦箴言

世上没有做不好的事情，只要你坚持不懈、勇敢攀登，即使是残疾人，只要心中有理想，大家共同来关心和爱护你，你照样可以取得很大的成功。这就是——身残志坚！

知识链接

CCTV 电视舞蹈大赛

CCTV 电视舞蹈大赛由中国中央电视台主办，每两年举办一次，自 2000 年起已成功举办六届。CCTV 电视舞蹈大赛本着"公平、公正、公开"的宗旨和充分体现群众性的原则，面向全国专业团体和广大舞蹈爱好者，为大众搭建展示自我的舞台。

我的未来不是梦

智慧心语

1. 未来就是有待发生的可能性。它等待着人类的想象力将这些可能性明确化。

——利兰·凯撒

2. 世上有些丰功伟绩之所以能够缔造，是因为有些人不够"聪明"，不知道那些原是不可能的。

——道格·拉森

3. 书籍是造就灵魂的工具。

——雨果

4. 生命短促,只有美德能将它留传到辽远的后世。

——莎士比亚

第九章

舞坛"并蒂莲"

　　夫妻档可谓是男女搭配的最高境界,他们是舞坛中的"并蒂莲",他们为了共同的理想和目标,过着夫唱妇随或妇唱夫随的生活。他们看同一片霞光,走出同一扇门,撑同一把伞,坐同一辆车,经历着相同的事情。他们抛弃了所谓"小别胜新婚"的婚姻生活相处哲理,在朝夕相伴中迎接工作和生活上的挑战。

十年磨一剑的舞蹈佳话——王勇、陈惠芬

王勇、陈惠芬夫妇被称为舞蹈界的"双子座"和"最佳夫妻档",几年前就以《藏羚羊》享誉海内外。2007 年在北京展览馆剧场上演的大型革命舞蹈史诗《天边的红云》是这对夫妻十年磨一剑的心血之作。

据陈惠芬说,当年他们排练《藏羚羊》的时候是非常艰苦的。其困难之大和矛盾之多是事先没有预料到的。半年多的时间里,大部分时间都是处于"白天不知夜的黑"的状态。好在最终结果还比较接近自己的初衷,上上下下还算皆大欢喜,但王勇和陈惠芬夫妇俩却真的是脱掉了一层皮。

《天边的红云》最初的创意诞生在 1996 年,王勇、陈惠芬夫妇在当时凭借着同名集体舞获得了当年全军"新文艺作品"评选的一等奖、解放军文艺奖,以及全国首届"荷花杯"舞蹈比赛金奖,还有国务院文化部的文化奖,观众的好评纷纷踏至。

但是,他们并没有满足于这部舞剧所取得的优秀成绩,由于夫妻二人均有着浓郁的军旅情节、革命情怀,和对舞蹈事业的热爱,这使他们不约而同地认为《天边的红云》可以走得更长远。

陈惠芬认为长征的艰苦与残酷是常人难以想象的,或许普通人在面对红军战士在长征路途中展示出超人的意志力和身体极限考验会非常感动和惊讶,但作为拥有着革命情怀的他们来说,长征是一个军人可以想象,也必须做到的事情。

由此,通过十年的努力创作,终于在 2007 年,《天边的红云》首次以全

新的舞蹈史诗形式亮相。在舞剧《天边的红云》中，我们不仅可以看到枪林弹雨、翻雪山过草地等熟悉的长征历程，还能看到红军女战士的成长、友情和爱情。

如果说一个优秀的舞蹈作品要有一个好结构的话，那么王勇和陈惠芬夫妇这对阴阳互补的舞坛情侣，在舞蹈创作中便是一个最佳的"二重结构"。他们在一起是心与心的匀贴和智与智的撞击所形成的双星互映的优势所在。

其实这种结构是一把双刃剑，有强强联手的优势，也有处理不当产生负面效应的劣势。但是他们夫妻俩把这样的结构处理得非常好。在他们的工作生活中，立下了这样的规则：只要进入创作的工作状态，他们之间只有合作而没有夫妻，彼此都将对方视为合作者，既尊重对方的人格和尊严，也尊重对方头脑中闪现出的每一簇火花和智慧。

与此同时，他们还能做到，不管是谁想出的设想和设计的舞蹈，都要以最高的审美标准为标尺，以最严厉甚至最苛刻的眼光进行审视，一定要挑剔到最后双方都无可挑剔的程度。所以，他们创作出来的舞蹈作品，都可以产生一定的社会影响，并且成绩突出。他们的这种精神是值得人们敬佩的。

然而一个优秀的舞蹈作品，不仅仅需要创造舞蹈之人拥有像王勇、陈惠芬夫妇这样的精神，还必须要有丰厚的文化积淀。

王勇和陈惠芬十二、三岁时考入了南京军区前线歌舞团学员队，二十岁左右的时候就动手进行创作，所以对于当时的他们来说，文化底蕴不是非常丰富。

刚开始的时候，他们仅凭着热情和天资，还有坚毅的性格，再加上对编舞技法的个人领悟和对动作本能的天赋感应，是可以创作出一些作品的。但是随着社会的发展和舞蹈艺术在中国的迅猛发展，他们渐渐意识到，提高编舞理论和文化积淀对于优秀作品创作的重要性。

所以，他们在军艺读编导大专班的那两年时间里，除了舞蹈的必修课外，他们几乎成了文学系的旁听生。而音乐、美术等领域的知识也是孜

孜不倦地学习。他们通过学习,不仅学到了很多有关文化、历史、艺术、美学的各种知识,而且也开阔了视野,强化了认识问题的深度。

直到现在他们都认为那两年的充电时间是非常重要,也最感到不能忘怀的。这对他们的舞蹈创作来说是非常必要的,也是非常珍贵的经历。

他们在编排《天边的红云》时,就没有像年轻时那样酝酿出这一题材就开始进行编舞,而是对作品背后的东西进行反复地分析、咀嚼,并进行反复对比。这样的前期工作进行了两年的时间,才开始着手进行编舞。

暂且不说他们最后获得了什么样的奖,单单跳出来作品全新的形象美感来说,作品富有着一种唯美特征的形式美感,以及令人品味不尽的凝重感。而这些带给人们的感受,是在这之前同类题材的作品所难以达到的。

《天边的红云》是由女性视角解读长征,成为这部舞剧最令人动容的情感所在。许多观众感动于舞剧中虹、云、娃、秋、秀五位主要女性角色的生命与死亡,认为这样饱满的革命人物形象是这些年来影视剧中都少见的。

陈惠芬说:"女性有很多共同点,这是不受时代限制的。在女性身体语言编排和内心情感刻画上,或许我凭借自己的性别优势能够把握得更准确一些。"

王勇和陈惠芬这对夫妻搭档的创作也使这部舞剧刚柔并济,时而强烈时而柔和,造就了舞蹈的节奏美。

在《天边的红云》中,没有厮杀和呐喊,没有剑拔弩张,有的是红军女战士凄美的缥缈,是清澈的心灵涤荡着人间的污秽,还有就是伟大的人性感召着沉睡的良知。这里所表现的是崇高的生命播种着信念和理想。而这些的背后,正是因为他们的文化素养和深邃的思想在起着作用。

由此,王勇和陈惠芬夫妇更加深刻地领悟到:在创作领域的舞蹈人,拼搏的聚焦点,其实是文化。

浪漫的诗情与厚重的生命感使《天边的红云》一上演,就成为军事舞蹈作品中的翘楚、经典之作。心中有美才能表现美,心中有爱才能流淌爱。多少年来,王勇和陈惠芬夫妻二人耳鬓厮磨,翩翩起舞,演绎出舞坛一首首华彩乐章。

我的未来不是梦

夫妻二人均有着浓郁的军旅情节、革命情怀,和对舞蹈事业的热爱,说明他们是有信仰的人,一个有信仰的人,是这个世界上最幸福的人,不管他信什么;真正的信仰会使他脱尘拔俗,信心坚定,成为这个世界上内心最充实的一类人。

长征

指中国工农红军主力从长江以南各革命根据地向陕甘革命根据地会合的战略转移。1934 年 10 月,中央红军主力开始长征。同年 11 月和次年 4 月,在鄂豫皖革命根据地的红二十五军和川陕革命根据地的红四方面军分别开始长征。1935 年 11 月,在湘鄂西革命根据地的红二、六军团也离开根据地开始长征。1936 年 6 月,第二、六军团组成第二方面军。同年 10 月,红军第一、二、四方面军在甘肃会宁胜利会合,结束了长征。其中红一方面军长征历时一年,转战十一个省,最远行程约二万五千里。长征的胜利表明中国共产党和中国工农红军是一支不可战胜的力量。

夫妻携手共创辉煌——尹卫东、龙卫敏

在广州隐藏着一对中国职业拉丁舞的顶尖选手，这对 1992 年至 2002 年连续 11 次荣获中国职业拉丁舞冠军的夫妻搭档囊括了中国拉丁舞的顶级奖项,更是第一对进入英国世界职业新星拉丁舞决赛前六名(以桑巴舞获第三名)的华裔选手。

如果是在上世纪八十年代,你已拥有了一份"铁饭碗"的工作,每月的固定工资足以让生活过得很好了, 你还会为了理想而奋不顾身地放弃一切吗?我想多数人都会犹豫。可尹卫东和龙卫敏就做了一个在那个时代看来非常让人震惊的选择。在理想和现实面前, 他们毅然决然地选择了前者,最终成功地用舞蹈谱写了多彩的人生。他们是一对在拉丁舞界里的传奇夫妇。

由于父母是南航的干部,所以尹卫东在民航专科学校毕业后,顺理成章地有了一份在多少人看来都梦寐以求的"铁饭碗"工作。但是每天按部就班的生活让尹卫东觉得枯燥乏味, 他总是想利用业余的时间来学些什么,好让生活更充实一些,同时也更加丰富自己。

一个非常偶然的机会,他报名参加了一个舞蹈班。在上了 6 节国标舞课程后,尹卫东发现自己已经深深地沉醉在了国标舞蹈中,就这样,他在毫无预兆的情况下,开始了他的舞蹈生涯。谁也没曾期待过,一个贪玩的年轻人误打误撞地闯入国标舞领域后,可以成就些什么,这个问题,大概尹卫东自己也没琢磨过。

灵
魂
的
舞
者

与此同时,同样热爱舞蹈的龙卫敏,在成为职业选手之前是名优秀的幼师,这样一份体面稳定的工作,其实并没有遏制住龙卫敏那一颗挚爱舞蹈的心。她打破了世俗对国标舞的偏见,投身到国标舞的事业之中。

尹卫东与龙卫敏的相识是在 1989 年,那是尹卫东入行的 3 年后,老师为了尹卫东的训练,给他挑选了各式各样的舞伴,结果都没能成,直到他遇见了龙卫敏,两人一拍即合,成为了彼此的舞伴。

但是在当时的那个年代,跳国标舞几乎就等同于不务正业、不好好工作。所以,尹卫东和龙卫敏两人在进修舞蹈时的条件是非常艰苦的。那时,他们是穿着布鞋在水泥地上练习。即便条件如此艰苦,他们依然能够坚持白天在单位上班,下班后就直奔练习进修舞蹈。

在他们获得的各种奖项上,最令尹卫东记忆深刻的是 1997 年香港回归前夕,在香港举行的国际华裔职业拉丁舞比赛上,他和龙卫敏又一次战胜了来自亚洲各地的选手,并拿到了冠军。那是中国内地的选手第一次在香港亮相,这一奖项给他们带来了由政府公派留学的机会。

于是,尹卫东和龙卫敏作为第一批舞蹈者被广东省国际标准舞蹈总会公派到英国进修。在此之前,还从来没有中国舞蹈者漂洋过海去英国进修过,这对于他们来说,是一个非常好的机会,当然也是一次考验。为了向国际顶级大师们进修,他们变卖了房子,放弃了"铁饭碗"的工作。

生活的艰苦自然是一定的,他们要面对的是语言的苦、生活的苦,加上心灵上的压力与煎熬也让他们倍感辛苦。为了能够学到更多的知识,他们吃方便面,买即将过期的减价食品,硬是将三个月的学费硬撑了六个月来用。

但由于过于紧张的生活造成了他们非常大的精神压力,他们开始发生争执、吵架,在英国举行的比赛上,他们第一轮就被刷了下来。紧接着持续了一年多的低谷期,几乎让他们无法面对生活。那是他们人生中最灰暗的时期,资讯和知识学了很多,却不能应用,而且他们之间开始互相指责、挑剔,无法合作。

后来尹卫东总结说,两个人做一件事,自然会有两种不同的意见,因

为那时候两人太过年轻,都争强好胜,拼了命地想使自己更加完美,同时不懂得欣赏对方,也不懂得鼓励对方,因而不能很好地处理两个人之间的矛盾和关系,更加解决不了压力造成的严重后果。

这一次进修回国后,事业受阻的尹卫东又面对着父亲的偏瘫和母亲的去世,那段时间他体重下降了 10 多公斤,几乎陷进了彻底的绝望状态。在朋友的推荐下,他参加了一个"你怎样成为领导者"的课程,逐渐恢复了对生活的向往和美好。并将课程推荐给舞伴,这以后,他们开始学会了包容、欣赏以及鼓励。

1999 年 9 月 13 日,这对长期合作的舞伴领了结婚证,成为事业和生活中的共同伴侣。之后他们再度自费回到英国学习,重新开始攀登事业的另一个巅峰。

2004 年,尹卫东和龙卫敏在第 18 届"澳博杯"国际标准舞全国锦标赛上正式宣布退役,为他们的国际标准舞职业舞者的生涯画上了圆满的句号。但他们对自身潜能的发挥及对舞蹈事业的执著追求并没有停止,他们将对国标的热情投入到国际标准舞的普及推广、文化交流和培养教育方面。

2004 年下半年在广东省文联及广东省国际标准舞协会的支持下,创办了"广东文艺职业学院国际标准舞专业"。如今,身负盛名的尹卫东和龙卫敏老师带领的学生获邀参加了各种重要场合的表演。

如在 2005 年 12 月的澳门回归庆祝晚会上表演,在 2006 年 2 月日本举行的国际标准舞世界公开赛上表演,还有香港、台湾等地的表演都获得了一致好评,2006 年 7 月他们还获邀到美国举行的国际标准舞世界公开赛作表演嘉宾。

对于世界上所有参与国际标准舞工作的人士而言,英国黑池的舞蹈节可谓是国际标准舞活动之首,是各国国标舞选手心中的圣殿,更是展现各国国标舞发展水平的重要舞台。

在 2006 年 6 月 2 日结束的第 81 届黑池舞蹈节上, 由著名的国际标准舞艺术家尹卫东、龙卫敏带领的广东文艺职业学院国际标准舞专业学

我的未来不是梦

生继 2005 年夺得了拉丁团队舞的冠军后又一次技压群芳,夺得了拉丁团队舞的冠军,这已是他们连续第二年获得此项殊荣。

看着孩子们一片光明的未来,尹卫东很是淡然:"我是一个曾受过恩惠的人,人要懂得感恩。"

从业余爱好到职业选手,最后成为国际级职业导师及评审,国标舞蹈不再只是一种爱好,一份职业,而成为了尹卫东和龙卫敏生活的全部。

逐梦箴言

在理想和现实面前,他们毅然决然地选择了前者,最终成功地用舞蹈蹈谱写了多彩的人生。他们是一对在拉丁舞界里的传奇夫妇。如果你有梦想就要坚持梦想,坚持一些东西就也就意味着你要学会放弃一些东西。他们的故事告诉我们,人要为了自己的梦想去坚持去努力,要坚定自己的目标。

知识链接

香港回归

香港回归,俗称九七回归,有时称为香港主权移交,中国内地常称香港回归祖国(中国),指 1997 年 7 月 1 日中华人民共和国恢复对香港行使主权(英国租借香港新界 99 年的期限届满之时),英国将治权交予香港特别行政区政府的历史事件。

淡泊平静而快乐的生活——马科斯、凯伦·希尔顿

作为国际上认可的杰出国际标准舞组合,马科斯和凯伦·希尔顿夫妻二人实际上已经夺取过世界每一个主要职业大赛的桂冠。他们曾经获得了著名黑池大赛、美国公开赛、德国公开赛、UK 大赛,以及世界锦标赛和欧洲锦标赛等职业比赛的冠军。

从 1978 年参加业余组竞赛开始,马科斯和凯伦共同经过艰苦的努力和不懈的练习,最终取得了惊人的成就,并以"旧国标舞风格终结者"的身份在舞蹈世界上成为高高在上的王者。其实,早在他们年轻的时候,马科斯和凯伦就已经在少年组、青年组、业余组的成就得到了一定的认可。

在 1980 年,马科斯和凯伦就在业余组的竞赛中向前迈出了一大步,取得了好多优异成绩。1983 年,他们从业余组选手转为职业选手,并在每一个主要的拉丁舞大赛中都进入了决赛,从此迅速蹿红。

作为成功的职业选手,他们不仅能被邀请出国,而且从事表演、教学、讲座和裁判,这样的范围就广了起来。而他们首个有分量的标准舞桂冠是在 1984 年著名的英国黑池大赛获职业新星标准舞冠军。

1986 年二人结为连理,终于完成了大婚,并通过获取世界锦标赛和欧锦赛的职业十项全能冠军的方式庆祝这个特别的日子。

这些年来,马克思和凯伦已经利用他们非常骄人的成就和名望,在家乡,英格兰北部的洛奇达尔进行了很多的慈善活动。

1999 年夫妻二人决定退役,虽然他们退役了,但是他们并没有停止

所有的表演,而且他们一直都是非常受欢迎的老师、讲师和裁判。

马科斯和凯伦之所以能到到这样的水平,不仅仅是因为他们的努力和彼此之间的磨合,还有环境问题。有些舞伴的关系是天造地设的,而这也的确是事实。马科斯和凯伦每天一起生活的时间只不过有五小时。当他们年轻的时候,每一天晚上的时间他们都不浪费,都用来跳舞。

不是每一对舞伴都可以像顶尖舞者那样每天持续七小时甚至更久,并且,不是每一对舞伴都可以牵扯到浪漫感情的。

人们都说,要想达到高水平,就应该每天多加练习,不断努力。而究竟达到多少才算努力呢? 马科斯和凯伦所做的每一件事情都是朝着一个目标,甚至说超过那个目标的。有的舞者会说:"我们昨晚练习了两个小时呢。"凯伦对这样的说法只是会心一笑,他们当初为了比赛而作准备的时候,比如黑池比赛的前两个月,每天都至少在舞台上练习六个小时。而他们在一起跳舞已经有二十年了。

凯伦说:"其实我们在做每一件事情的时候,都应该找到一个平衡点。而我们如果能在舞蹈中找到这样的平衡点,那会是我们在舞蹈的过程中找到更多的乐趣。"

有很多事情其实还是有运气所在的。但是,在运气到来之前我们必须要有天分,因为运气是需要天分来灌溉滋养的。而在舞蹈训练的过程中,应该朝着一个正确的方向受训。马科斯和凯伦就是个例子,他们在一个绝佳的地点,正确的时间里相遇,而他们在遇到彼此时,又有着非常好的基础。

其实在他们的舞蹈生涯中,也曾有过不佳的成绩,或是一些负面的感受。而他们所要做的不是逃避,而是克服它。在他们最初的时期,他们的竞争心是非常强大的,即使是在低潮的时候,竞技的精神让他们确保下次一定要做得更好。

马科斯和凯伦用他们迷人的舞蹈感动了无数观众,而他们这样优美的气质是怎样培养出来的呢?

这不仅仅是舞蹈给予他们的回报,更重要的是,他们自小就接受着一

种良好的教育。这样的气质不仅是你在舞台上做什么有关，也和你不在舞台上时做什么有关。因为人们如何看待你整个人，你的举止、你的穿着等等，这是一整套的事情。这也正是一个冠军迷人的地方！

除此之外，必须要有一个健康的身心和强大的意志力，才会使整个人散发出迷人的色彩。

有些学舞蹈的孩子想找到一些捷径来走，但马科斯说，其实在这一行是没有捷径可走的，如果你不努力，你将一无所获，只要自己下了功夫就是有帮助的。

凯伦说他们在学习舞蹈的过程中，有过一段艰辛的日子。凯伦曾经帮父亲的仓储生意工作，早上七点开门，凯伦六点就要起床。最早到以及最晚离开的通常是老板，如果早上清洁工还没来的话，那洗厕所的工作就是老板的女儿的，也就是凯伦来做。

当货物送到的时候，凯伦就会在办公室里为自己的演出服缝补金属片，下班后回家用过晚餐，就立刻与马科斯见面排练舞蹈。虽然凯伦有时间的时候可以离开去比赛或是练习舞蹈，但是那段时间，真的是非常不容易。

当记者问及马科斯和凯伦是如何这么久都维持这样一个非常良好的关系时，马科斯和凯伦都会心地笑了。他们对于彼此来说都是再适合不过了，他们相识多年，不论是朋友、舞伴的时候，或者是情人的角色，他们一直是一起合作、一起努力，并且一起朝着共同的目标而奋斗。

马科斯说，"我们和所有人一样，也都有些生活上的琐事。这样的生活是很健康的，对于生活中的努力也都蛮有趣的，而且，你必须要有认知，生活并非是单行道。"

他们的生活非常平凡，并且，无论他们获得了何等奖励，他们都没有被层层光环而冲昏了头脑。他们一直认为自己就是一般人，虽然获得过冠军也做过很棒的事，但是，到头来，他们依然是普通家庭出生的普通人。在他们的内心，仍然和曾经是同一个人，并且，他们乐在其中。

逐梦箴言

淡泊于名利,是做人的崇高境界。没有包容宇宙的胸襟,没有洞穿世俗的眼力,是万难做到的。淡泊并不是力不能及的无奈,也不是心满意足的自赏,更不是碌碌无为的哀叹,淡泊就是超脱世俗的诱惑和困扰,实实在在地对待一切,豁达客观地看待生活的一切。

知识链接

黑池舞蹈节

对于世界上所有参与国际标准舞工作的人士而言,英国黑池的舞蹈节可谓是国际标准舞活动之首。舞蹈节于每年五月在英国北部小镇黑池举行,其中除了为期 7 天的国际标准舞锦标赛以外,还包括了大师班麾程、世界性国际标准舞会议、舞蹈服装以及舞蹈用品汇展等等。以"英国"冠名但却是面向全世界的公开锦标赛头衔（THE BRITISH OPEN CHAMPI-ONSHIOP),更被誉为是世界上国际舞中的最高荣誉,其威望甚至超过以"世界"冠名的锦标赛,成为国际际准舞高手们争相追求的目标。

■ 相互学习并相互包容——张浩、宋晓蓉

闻名舞蹈评论家伍德说:"这是一对来自中国的不应轻视的舞者。"这对舞者就是张浩和宋晓蓉。

张浩和宋晓蓉都毕业于北京国标舞学院。宋晓蓉来自安徽省合肥市,12岁的时候受到跳拉丁舞的舅舅影响,开始学拉丁,14岁以第一名的成绩考入模特学校。然而出于对舞蹈的热爱,她还是选择了国标舞。

张浩小时候并没有接受专业的舞蹈训练,15岁之前,都是跟着爱跳舞的妈妈一起跳。中学时的张浩和很多同龄人一样,更加喜欢流行的街舞,对于节奏相对欢快的拉丁舞觉得不够有吸引力,所以那时候并没有喜爱上拉丁舞。

因为妈妈喜欢拉丁舞,当时个子已经很高的张浩就经常被妈妈叫来客串一下舞伴,而且还经常参加一些当地举办的比赛。

在张浩高一的那一年,著名舞蹈家梁思源老师到郑州开设了拉丁舞大课,张浩就陪着喜欢拉丁舞的妈妈一起过来听。当时身体条件非常出色的张浩得到了梁老师的赏识,然后被带到了北京国标舞学院学习专业的舞蹈。

宋晓蓉被舅舅送到国标舞学院学习的时候,张浩已经在国标舞学院了。宋晓蓉入学后的班主任是梁思源,没过多久,张浩所在的大专班和宋晓蓉所在的班级合并,就这样,张浩和宋晓蓉成为了同学。

张浩和宋晓蓉成为舞伴之前,发生过一件有意思的事。宋晓蓉的一个

173

女伴看上了高大帅气的张浩,想和张浩一起跳拉丁,就委托宋晓蓉去跟张浩说。而那时候,张浩已经有舞伴了,没有多想便拒绝了。

可是让张浩和宋晓蓉都没想到的是,后来宋晓蓉来深圳,经老师介绍试着一起跳摩登舞的舞伴,正是张浩。而这一试不要紧,竟试出了连续5年的全国冠军。

可能每一个舞者的心中都有一个当服装设计师的梦想,尤其是女孩,至少可以把自己装扮得漂漂亮亮的。宋晓蓉就是一个好裁缝。自从一起搭档跳摩登舞之后,宋晓蓉的比赛服装,几乎都是和舞蹈服装制作共同设计完成的。

从2006年开始,一个香港的朋友想要帮助他们在深圳开一家舞蹈服装店。那个时候,宋晓蓉和张浩的成绩才刚刚有点儿起色,想等一等。后来张浩和宋晓蓉在2007年,开始了他们连续五年的冠军生涯。

当了冠军了,就更少有时间来筹备开服装店了。只是在每次做比赛服装的时候,宋晓蓉都会花更多的时间和心思去设计服装,后来几乎所有的服装都是宋晓蓉自己设计的。

北京国标舞学院的舞蹈训练房里有四个大字"勤思苦练"。这四个字深深地刻在张浩的记忆里。对于张浩的勤奋,他的好友拉丁舞冠军赵亮深有感触。赵亮说,张浩的口头语就是"搭一下"。无论是在商店、机场、酒楼,甚至是大街上,电梯里,他都要和宋晓蓉搭一下架形。

有一次他们去外地比赛,结束后一起逛街,遇到一个很窄的街道,他要求宋晓蓉以PP位的姿势跑过去。时常和他们一起练舞的人都说张浩和宋晓蓉练舞近似于疯狂,每天都是舞蹈训练房的工作人员下班了,他们才肯收住脚步。

宋晓蓉是一个看上去十分柔弱的女子,可是她对忍耐有着不同寻常的体会。在练舞中,小伤小痛很多人都会有,可是有一次,却给了张浩和宋晓蓉一个不小的打击。那是2005年的时候,宋晓蓉在家无意中摔倒,碰了一下膝盖,因为平时小伤无数,她并没有放在心上。

可是第二天,宋晓蓉却站不起来了。张浩带着宋晓蓉去了医院,医生

说她可能以后不能跳舞了。回到家后，宋晓蓉一下子沉默了，把自己关在房间里不愿意出来。

坚强的张浩也流下了泪水，瞬间涌现出一个想法，医生也有误诊的时候呀。想到这，张浩就带着宋晓蓉四处去寻医，广州、北京、上海、香港等大大小小的医院和诊所都跑遍了。试过针灸、推拿、火疗以及各类偏方，但效果都不明显。

而且每个医生的结论都是不一样的，这让宋晓蓉非常的消沉。她说，每天早上起来，都希望膝盖一下子就完全好了，可以又跑又跳。然而，膝盖隐隐的疼痛，让宋晓蓉又回到现实、回到沮丧之中，没有任何心情做事。

张浩对此又痛又恨，他感觉在舞蹈上的一切努力都白费了。当自己对舞蹈越来越有感觉的时候，自己的舞伴却支撑不下去了。张浩的心情糟糕极了，但是他知道自己的舞蹈时不能停止的。

之后除了上课教学，就是在舞蹈房里独自面对着大镜子，一遍一遍地重复着每一个动作。然后带着满身疲惫回到家，倒头就睡。

不久后，感觉腿有好转的宋晓蓉坚持要去练舞，可是疼痛使她不得不停止，于是他们不得不放弃了那一次的全国比赛。宋晓蓉开始对自己没信心了，但是她能够体会到张浩难过的心情，于是鼓励他去找舞伴。并且自己一狠心对张浩说，她不跳舞了，要做从小就喜欢的服装设计。于是报了时装设计培训班，还买来了布料、剪刀和尺子。她要用这些东西来使自己忘记有关舞蹈的一切事情。

就这样过了两个月，有一天早晨，宋晓蓉下床后，感觉自己的腿有些异样，她轻轻地试着跳了一下，又跳了一下，并没有感觉到有什么不舒服。于是她把箱底的舞裙找出来穿上，在房间里轻轻地跳了起来。

张浩回来后，她并没有说什么，只是说明天想去舞蹈房看看。第二天去了舞蹈房，宋晓蓉微笑着对张浩说，试一下吧。于是张浩轻轻地把她揽在怀里，两人随着华尔兹舞曲的上升和缓缓下降翩翩起舞。

当舞曲结束时，张浩紧紧地把宋晓蓉抱了起来。对张浩来说，这是他这么久以来最快乐的一天，这样的心情比拿全国冠军还要愉悦。虽然她的

膝盖好了，但是一开始还是不能承受太大的压力，跳半天，就要休息两天。

这对完美的舞伴也曾在舞蹈训练中产生过不开心。有一次，在排练的过程中两个人发生了不愉快。

因为张浩容不得自己的舞蹈有半点儿马虎，所以在技术和理念上必须辩论出一个明确的方向。一次次因为训练而起争执，时间久了，宋晓蓉就觉得有些累了。

因为张浩实在太爱这个舞蹈了，所以，宋晓蓉决定退出。因为如果在这个舞蹈中再付出更多的话，可能最后连他们的爱情也将失去。

随后曾经共舞过的爱人在 2009 年领了结婚证，并在 2011 年初决定暂时淡出，晓蓉忙着筹备她的舞蹈服装店，张浩则一边积极训练一边物色新的舞伴。

可是大半年下来，张浩试过了好多舞伴，但最后都没有成为真正的舞伴。不过经过这段时间，张浩对舞蹈的理解也有了更多的感悟。于是在找不到正式舞伴的情况下，张浩还是继续拉着宋晓蓉一起练习。也可能是心态有所转变了，这时候两个人的舞蹈好像配合得更加完美了。

虽然这时对他们来说舞伴是暂时的，可是爱是永远的。被媒体称为"金童玉女"的张浩和宋晓蓉，郎才女貌，默契的配合，有着共同的舞台，同一个梦想。这是一对完美的恋人，也是一对完美的舞伴。他们相互谅解、互相鼓励的事迹更是现代夫妻的楷模。

逐梦箴言

包容首先是一种胸怀。患得患失、吃不得一点亏的人无法做到包容，能包容的人在利益面前、在得失面前不斤斤计较，而是以大局为重；处处争先、得理不饶人的无法做到包容，能包容的人"让"字当头，凡事以和为贵，让人一步；自以为是、听不进不同意见的人无法做到包容，能包容的人能虚心听取别人的意见和批评，甚至对一些言辞激烈的攻击也能理智对待，

择其善者而从之；碰到事情喜欢生气、对别人的一点冒犯就报复的人无法做到包容，能包容的人心态平和、宽容大度、淡然从容。

知识链接

拉丁舞

拉丁舞又称拉丁风情舞或自由社交舞。拉丁舞是大众民间舞蹈，随意、休闲、放松是它的特点，有较大的自由发挥空间，它是拉美人民在漫长的历史长河中形成的具有鲜明特点的激情、浪漫而又富有活力、火热的艺术表现形式，深受拉美人民的喜爱，成为他们生活中必不可少的重要的组成部分。

我的未来不是梦

智慧心语

1. 不要侮蔑你所不知道的真理，否则你将以生命的危险重重补偿你的过去。

——莎士比亚

2. 做一件事，无论大小，倘无恒心，是很不好的。而看一切太难，固然能使人无成，但若看得太容易，也能使事情无结果。

——鲁迅

3. 我们辨识错了世界，却说世界欺骗了我们。

——泰戈尔

4. 世界上最快而又最慢，最长而又最短，最平凡而又最珍贵，最容易被忽视而令人后悔的是时间。

——高尔基

第十章

让灵魂在舞动中飞升

　　一部舞蹈作品要想获得成功，仅仅停留在"绘事描情"的阶段，是远远不够的。古人云"取法乎上，仅得其中；取法乎中，不免为下。"舞蹈作为人类精神的营养品，有必要追求更高的艺术境界，那就是蕴含哲理性。诚如余秋雨先生所言："艺术进入哲理的领域，也是人类在精神领域的一种整体性超越。这种超越驱使艺术家与无数读者、观众一起关照人类整体，从而提高人之为人的精神自觉。"艺术作品是否蕴含哲理性，是区别其艺术水准高下的重要标准。追求这一标准，在我们的舞蹈创编过程中为作品注入哲思理趣，以便能够更加深刻的影响和鼓舞人们。应当成为我们矢志以求的努力方向。

■ 舞蹈的功能

舞蹈训练在智育方面有着一定的作用。舞蹈学习者都应该有这样的感觉,当美妙的音乐响起,心情便不由自主地随着节拍起伏,感情随着韵律激荡,真有一种神清气爽、心无旁骛之感,而当一个人达到这种境界,应该是比较理智而聪慧的。这在一定程度上说明舞蹈训练与提高人的智力是大有关系的。

而这一结论更有科学依据,1981年美国现代精神生理学家、诺贝尔金奖获得者斯贝里博士对人的大脑进行了研究发现,大脑的左半球偏重于逻辑思维,主要负责语言、数学运算、逻辑推理等能力,右半球则主要负责形象思维、想象、空间的关系,情绪、欣赏音乐和绘画艺术和舞蹈等心理活动。

换言之,右脑多担负形象思维活动,左脑多担负抽象思维活动。可见,舞蹈训练一定能够不断提高右脑的思维能力。

脑力的训练与提升虽然有很多途径,但由于舞蹈训练从人体出发,并在音乐中完成身、心、脑的统一,它开启的思维方式也最为直接、最为有效、最为全面。

同时,舞蹈训练对增强身体素质也有着极大的积极作用。为了更准确到位地表现舞蹈内涵,为了更长久轻松地保持良好的体型,为了更柔和精致地表现舞蹈美感,舞者必须进行形体训练。

这种训练与日常的体育训练有相同之处,比如热身训练、耐力训练以

及协调性方面的训练,但又严格区别于体育训练,表现在对身体专门素质的训练,如力量、柔韧性、控制力、稳定性、协调性、灵活性和耐力等。

这一整套全身的运动有助于身体各器官系统的全面发展,自身体会及研究均可证明,挺胸抬头可使胸部得到充分发展,胸围扩张,吸氧量增大,能保证肌体氧气的充分供应;腹腰动作可以促进肝内血液循环,提高胃、肠的消化和吸收能力,改善体内的物质代谢,特别是可以消耗腹腔内多余的脂肪,对于舞者特别是女性舞者来说是备受青睐的运动方式。

总之,舞蹈以其特有的运动方式,使人的五脏六腑的积极性得到充分的调动,使人的四肢百骸得到特殊的训练,从而达到强身健体和健美的功效。

舞蹈还可以塑造良好的思想品德,不断完善个性心理特征。作为观众,当在台下看到光鲜亮丽的表演者以及他们精彩绝伦的舞姿,该是多大的赞美与羡慕,但也肯定不可否认舞蹈者们经历的"台上一分钟,台下十年功"的艰辛与汗水。

显然,舞蹈者为保持优美的体形和舞姿,必定经历艰苦的训练,疼痛的折磨,潜移默化地造就他们坚韧不拔的优良品质。

舞蹈注重形、神、意的协调统一,以节律、姿态、动作的完美结合赋予舞者外在与内在独特的美感,气质和魅力。这一切都赋予了舞蹈独特的德育教育效果。

另外,舞蹈艺术和其他艺术永远都是在追求高尚的人格形象、高洁的生活情操和完美的精神世界。真、善、美永远都是艺术的精髓。这种艺术的本性要求艺术家必须追求人格高度发展和情操的高度完善,特别是艺术成功的高峰体验和高雅的艺术环境对于陶冶艺术家的人格和情操也是非常重要的,以上这些都与品德训练和提升具有密切关系。

■ 舞蹈的艺术特性

首先,舞蹈具有律动性,这也是很重要的一个特性。

律动,是舞蹈的灵魂。从内向外看,尤其能直观这一真谛。律动,赋予生命的原始躁动以节奏秩序,使之化为一种情调,可洞若观火地呈现。律动,核心即是力的样式。律动力的样式变化丰富,最能直接而显著地表现出舞者的气质、情愫和千种韵致。

其次,舞蹈具有一定的动态性。

所谓动态性,是指舞蹈以人体的躯干和四肢做主要工具,并通过各种动作姿态和造型来形象地反映客观事物和人物的精神世界、塑造舞蹈形象。

这种人体的有节律和美化的动作,并不是一般的动作堆砌和罗列,而是作为一种形象化的舞蹈语言呈现在人们的眼前。舞蹈创作者的形象思维和艺术构思,主要是通过这些动态性的语言来得到充分体现,并创造出鲜明、生动的舞蹈形象。因此,有人也称它为动作的艺术。

同时,舞蹈还具有强烈的抒情性。

舞蹈是人类感情最集中、最激动时的表现形式。人的形体动作能抒发最激动时的心态,表达丰富的内在感情。诗人闻一多说过:"舞是生命情调最直接、最尖锐、最单纯而又最充足的表现。"

我们从古代文物和历史资料中得知,原始人的舞蹈状态和形式,主要是抒发他们的内心激情,表现生命的无限活力。舞蹈的这种特点,充分体

现出它的强烈抒情性。

舞蹈与其他表演艺术的又一不同之处是虚拟和象征性。

从包容着我国汉族古典舞蹈的戏曲来说，它的舞蹈动作如骑马、划船、坐轿、刺绣、扬鞭等等，都是虚拟和象征性的。事实上，舞蹈中的马、船、轿、针等等都是虚拟的，只是用一根马鞭、一支船桨等来作象征性的示意，但这种假设性的舞蹈动作却被观众承认和接受。

在环境的表现上，既无山的模型，又无河的布景，但是双手示意攀登，向高抬腿示意爬山，却使人们相信这是在上山；观众确信一连串的大跳、旋转和翻滚动作是在表现战斗，深信这就是硝烟弥漫的战场。

最后，舞蹈具有一定的造型性。

舞蹈动作不是对生活中自然形态的模拟，而是遵循舞蹈艺术的规律进行提炼、加工和美化的舞蹈语言的基本单元。

由舞蹈动作所组成的舞蹈组合——舞蹈语言在人们的眼前瞬间即逝，如果不能给观众留下印象，就不可能发挥舞蹈艺术的魅力和功能。舞蹈的造型性就是让舞蹈动作在连续流动的过程中给人以明晰的美的感受，并且在片刻的停顿和静止时呈现出舞蹈内在的含义和韵味。

■ 形体训练

舞蹈是人体艺术,是通过人体的动作来塑造艺术形象的。如何利用人体这一"工具"使自己的身体能够运用自如地传情达意,达到较高的艺术境界,首要的是加强身体的基础训练——形体训练。

通过训练掌握舞蹈所需要的正确站立形态、方向、舞蹈动作的基本姿态,同时提高身体的灵活性、协调性、柔韧性及肌肉的控制力,为更好地掌握舞蹈中的技术技巧打下良好的基础。

只有当这些形体语言和表演者的内在情绪融为一体时,舞蹈这种具有空间感的艺术形态才会产生震撼人心的艺术魅力。形体训练,既是基础训练,又是技术训练的一个重要组成部分;既是培养舞蹈意识的重要手段,又是提高表现力的重要途径。

形体训练的结果具有相对稳定性。因此,在进行形体训练时,一定要注意方法得当,通过专门的训练手段,有效地去改变诸多不良的体态,从而使人体的动静体态符合美的原则。

形体训练的内容以芭蕾舞的基本训练为主,同时借鉴体操和艺术操的有关内容来进行训练。

实践证明,芭蕾舞基本动作是一种有效的形体训练手段。而体操和艺术体操中的徒手动作丰富多变,用力控制与放松交替协调,快速、柔和,充分体现了力与美的结合,刚柔相济的特点。将二者结合起来进行形体训练,效果更为理想。

■ 舞蹈的审美

　　舞蹈是以人为载体,以人体动作为语言手段的一种综合性表演艺术。舞蹈艺术是以经过提炼、加工、组织、美化动作所形成的舞蹈语言、节奏、表情和构图等多种基本要素,在特定的时间与空间变换中,塑造出具有直观性和动态性的舞蹈形象,表达人们的思想感情,反映社会生活的一种视觉与听觉相结合的综合型表演艺术。

　　舞蹈美与其他艺术美有着相互联系的共性,也有自己独特的个性。舞蹈美的形态大致分为四类十型:即"优美"(包括舒柔、欢畅),"壮美"(分为雄壮、崇高),"悲剧美"(分为悲壮、悲哀),"喜剧美"(包括滑稽、讽刺、幽默、诙谐)。此外还有荒诞型、活报剧式的表演风格。

　　舞蹈艺术是体现一个民族之精神面貌、文化发展水平及其现状、审美意识以及趋向的文化载体。它既是在人类社会最早出现的文化活动之一,又一直伴随着社会文明的发展而不断进行自我扬弃和完善,同时它又别于文字系统所反映出的文化形式,舞蹈是以非语言文字的方式,以其自身人体姿势及动态的语言符号来展现文化的。

　　特定时期、地域、民族的舞蹈都会以极为鲜明的个性特征将其生产方式、宗教信仰和地理环境等影响其形成和发展的因素在舞蹈可视的体态、动态、风格、节奏等方面得以展现。因此舞蹈艺术蕴含着丰富的传统文化和精神追求,是我们了解民族文化,熟悉传统文艺精神,把握民族审美风尚的重要依据。

舞蹈是以人为载体的一种表演艺术,尤其自身的规律和追求。除了作品具有深刻的寓意和健康的内容外,舞蹈在审美追求上有很多表现,比如:

曲圆。在造型与动律变化中,要求动作的走向和运动过程应按着圆的轨迹进行。在身体的线条造型上强调头、面、肩、胸、腰、胯、臀、腿、脚之间形成曲线美,即"S"形的"三道弯",以突出婀娜多姿的舞蹈形态,形成独特的具有东方神韵的民族审美追求。

对称。在一条中轴线的两侧,必须是等量等型的对等姿态或构图,形成左右相对称的完整结构。强调对称性,体现一种完整、和谐、统一、庄重、肃穆的审美格局。

对比。在造型设计、动作变化、节奏速度、感情表现、色彩运用等方面,强调高低、前后、大小、快慢、明暗、喜忧等之间的转换所形成的一种强烈对比,让人们在反差中产生一种审美效应。

和谐。属于一种整体美的表现。在艺术作品中力求风格的追求、色彩的变化、情绪的表现、语言动作设计、形象的塑造、节奏的处理等,都要做统一、协调、和谐完整、有章有序,既丰富多变,又防止杂乱无章。

飘柔。既有轻盈、舒柔的抒情性,也有虚无缥缈的优美感,运用呼吸的控制与掌握,使人体重心移动产生一种视觉变化。

激越。属于情感的奔放、昂扬和动态造型的夸张、粗犷,是激励、鼓舞人们情绪的宣泄和雄壮、健美的一种审美感染。

神形。"神"指的是神情、神态、神韵、神气,是人物的思想感情迸发形成的一种精神和气质的表现;"形"是所创造的外部形象。"神形兼备"是舞蹈表演中的一种审美境界。

动静。"动静相依"是运动中的一种节奏变化和时空转换。在动中处理好静(亮相)的造型,可以给观众留下深刻完美的印象。

情意。舞蹈艺术作品是人们思想感情的流露和表现,没有"情"的人物不会感人,没有"意"的作品是不可能让人产生艺术联想的。"情"与"意"是艺术家对生活和事物本质的体验、感受和认识的升华,也是艺术家心灵情感火花的迸发。

风韵。即风格韵律，是构成舞蹈美的本质特征，也是作品艺术的完整性、鲜明性、独特性的标志。特定的风格韵律不仅是外部语言和形式的表现，更是作品内容和人物内在思想感情的展示。

上述种种，既是艺术表现和舞蹈实践过程中最为常见的一些方法、技巧，也是民族传统的审美追求和特征。只有艺术作品与观众欣赏达到相互沟通、共融一体，产生互动效应，才能发挥艺术作品所具有的审美社会性，达到艺术家所追求的目的，发挥艺术审美的作用。

舞蹈美是由舞蹈作品和演员的表演以及音乐、舞美（服装、道具、化装与造型、灯光）等综合因素构成的。舞蹈作品是基础，演员表演是载体，只有两者完美、有机、恰当、准确地结合起来，才能构成舞蹈美的效应。

舞蹈美是由舞蹈编导和演员表演共同创造的，"舞蹈美"是舞蹈家的审美感情和审美评价与被表现对象的美丑本质在舞蹈形象中的契合，是主观与客观的统一，更是舞蹈家内心激情外化所创造的审美物化形态。

舞蹈美的构成首先取决于舞蹈编导的审美修养和创作构思所产生的舞蹈作品。舞蹈作品是由内容与形式的有机结合与和谐统一所形成的一个艺术整体。

舞蹈作品的内容是由题材、主题、人物、情节、环境五个方面构成的。舞蹈要表现什么内容、如何表现，则由编导自己对社会生活和客观事物本质的认识、感悟和体验所产生的一种创作冲动，即创作动机。

而"灵感"是编导对社会生活和客观事物本质的认识，是编导从审美角度对情感审视后的一种感悟、体验和理解，也是编导从感性认识发展为理性认识的一种飞跃和升华。舞蹈作品的内容美，主要突出体现为真、善、美三个方面。

舞蹈作品的形式美是舞蹈不可分割的一部分，它是作品内容的载体和外包装。深刻的思想内容和完美的艺术形式的统一，是艺术审美的理想追求。

舞蹈作品的内容必须依靠舞蹈形式为手段，以演员表演为载体，舞蹈形式美是舞蹈内容美的外化。观众只有通过对舞蹈演员所表演的作品形

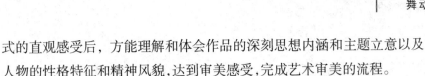

式的直观感受后，方能理解和体会作品的深刻思想内涵和主题立意以及人物的性格特征和精神风貌，达到审美感受，完成艺术审美的流程。

舞蹈形式美分为内在形式与外在形式。内在形式指编导在创作时，对作品内容表现的结构方式，即指编导的艺术创作构思，包括舞蹈的结构方式，即布局安排、情节发展、细节处理、表现角度、情绪气氛、意境格调以及节奏处理的审美趣味等。

舞蹈外在形式指的是舞蹈表现手段，即舞蹈语言的设计与运用，风格韵律与节奏的处理追求，队形的调度与变化，形象的设计与塑造，音乐的渲染与烘托等等。

舞蹈作品内在形式与外在形式两者是密不可分的整体。是舞蹈美有机组成的两个支架。而演员二度创作的表演则是内容与形式相互结合的一个焦点与契机。编导、音乐、舞美、演员等之间的团结合作，是完成艺术创作的保证。

实现舞蹈美也是有一定必要条件的。主题内容是舞蹈美的基础。舞蹈美，首先取决于所要表现得内容，内容是舞蹈美的基础，要达到"真、善、美"的境界，动作语言是舞蹈美的手段。舞蹈是通过人体动作塑造形象，达到传情达意的目的。

感情是舞蹈形象美的核心。舞蹈属于表情艺术，情感的表现则是舞蹈形象美的核心。构图是舞蹈美的形式，它是连接舞蹈时间与空间的纽带和连接桥梁，也是编导为了渲染主题、烘托意境、塑造形象不可或缺的手段。情绪气氛创造舞蹈美的意境。

舞蹈的情绪气氛是增添舞蹈艺术感染力不可缺少的手段，特别是情绪性舞蹈中更是编导和演员刻意追求的一种艺术品位。音乐、舞美是舞蹈美的有机组成部分。舞蹈是一门综合性艺术，在充分发挥舞蹈本体特征中，应充分运用音乐、舞美设计手段，增添舞蹈美的色彩，并成为舞蹈艺术不可分割的有机整体。

这六个方面是舞蹈艺术审美的基本表现，对于舞蹈艺术美的创新发展起到了推动和促进作用。

■ 舞蹈欣赏与人生智慧

    舞蹈作品的欣赏,严格来讲是将视觉、听觉、动觉甚至一切感受器官调动起来共同对大脑皮层及神经中枢发生作用,进而激活大脑皮层下的"兴奋系统",从舞蹈作品的艺术欣赏中为我们带来精神审美层面的愉悦感和满足感。

    从历史的角度去解读,许多舞蹈作品的创作、诞生都是有着鲜明的历史和社会背景的。用音乐的耳朵去欣赏,在大多数舞蹈作品中,舞蹈与音乐之间的关系非常之紧密,它们互相影响彼此依存。

    由于表演形式的不同,因而对于不同形式的舞蹈会有不同的解读。比如说独舞,由于舞台上只有一位舞者,不牵涉到与其他人的配合和互动,因此独舞是所有舞蹈中最关注舞蹈动作纹理的一类。

    与一个人支撑这个舞台的独舞相比,双人舞显得温情得多,因为两个人的故事往往与爱情有关。而三人舞应该像踩高跷的艺人那样经常转换重心,时刻处在关系的移动之中,这对于编导而言是极见功力的考验。

    在许多古芭蕾舞剧中,群舞往往用来渲染气氛,调剂色彩。而舞剧是各种舞蹈形态的综合呈现方式。在舞剧中,单、双、三、群舞被依照剧情随意安插,所以舞剧的欣赏也自然囊括了以上各种形态的方法和内容。

    艺术由其自由而玄妙,因其宽泛而多解,很多人也会通过自己的方法,对舞蹈生发出燎原斑斓的独到之乐,那便是舞蹈给予我们真正的财富了。

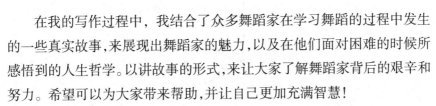

在我的写作过程中，我结合了众多舞蹈家在学习舞蹈的过程中发生的一些真实故事，来展现出舞蹈家的魅力，以及在他们面对困难的时候所感悟到的人生哲学。以讲故事的形式，来让大家了解舞蹈家背后的艰辛和努力。希望可以为大家带来帮助，并让自己更加充满智慧！

在我们的生活中，每一个人在面对困难和坎坷时的表现都有所不同，有的人顽强、执著，有的人则不堪一击；有的人可以顶住压力，而有的人则选择退缩、失望。不同的选择会导致不同的人生。

在这个世界上，有很多事情使我们所难以预料到的。但是，虽然我们不能控制这些际遇，但是我们可以掌控自己；我们无法预知未来的生活，但是我们却可以把握现在；我们不知道自己的生命到底有多长，但是我们却可以安排当下的生活；我们左右不了天气的变化，可是我们可以调整自己的心情。

所以，我们在生活面前，不管遇到什么事情，懂得一些人生的道理，我们就可以改变自己，是自己变得更加明智一些！

舞蹈艺术作为一项深受广大人民喜爱的艺术形式，越来越深入到人心，也有越来越多的人开始喜欢，然而要想成为一名舞蹈家，这一过程，足够我们从中学习到智慧。但与此同时，我们也应该知道，成为一名舞蹈家所要具备的素质，以及舞蹈给我们带来的深远的意义。

我的未来不是梦

191

● 智慧心语 ●

1. 慎重则必成，轻发则多败。

——苏轼

2. 读书在于造成完全的人格。

——培根

3. 对于有文化的人，读书是高尚的享受。我重视读书，它是我一种宝贵的习惯。

——高尔基

4. 最困难的时候，也就是离成功不远的时候。

——拿破仑